世界的扬州·文化遗产丛书

铜镜照射的盛世之光

——海上丝绸之路扬州段遗迹及隋唐扬州研究

东南大学出版社

图书在版编目（CIP）数据

铜镜照射的盛世之光：海上丝绸之路扬州段遗迹及隋唐扬州研究 / 冬冰主编.—南京：东南大学出版社，2014.5
（世界的扬州·文化遗产丛书）
ISBN 978-7-5641-4869-0

Ⅰ.①铜… Ⅱ.①冬… Ⅲ.①海上运输—丝绸之路—扬州市—隋唐时代 Ⅳ.①K295.53

中国版本图书馆CIP数据核字（2014）第072824号

书　　名：铜镜照射的盛世之光
　　　　　——海上丝绸之路扬州段遗迹及隋唐扬州研究
出版发行：东南大学出版社
社　　址：南京市四牌楼2号　　邮　编：210096
出 版 人：江建中
责任编辑：戴　丽　杨　凡
网　　址：http://www.seupress.com

印　　刷：利丰雅高印刷（深圳）有限公司
开　　本：960mm×650mm　1/16　印张：12.5　字数：164千字
版　　次：2014年5月第1版
印　　次：2014年5月第1次印刷
书　　号：ISBN 978-7-5641-4869-0
定　　价：45.00元

经　　销：全国各地新华书店
发行热线：025-83791830

本社图书若有印装质量问题，请直接与营销部联系。电话（传真）：025-83791830

世界的扬州·文化遗产丛书
铜镜照射的盛世之光
——海上丝绸之路扬州段遗迹及隋唐扬州研究

总　　编：董玉海
主　　编：冬　冰
副 主 编：刘马根　徐国兵　姜师立　刘德广

组织编撰机构：
　　江苏省扬州市文物局（扬州市申报世界文化遗产办公室）
专家课题组：
　　傅　晶　李　敏　王　敏　徐新云
　　（中国建筑设计研究院建筑历史研究所）

执行主编：谢青桐
编撰人员：光晓霞　郭　果　张　益　童　剑　张　芸　尤春华
　　　　　贺　辉　陈　跃　杨　萍
　　　　　（部分研究成果署名在章节结尾处）

序

郭旃　国际古迹遗址理事会（ICOMOS）副主席

满怀欣喜祝贺《世界的扬州·文化遗产丛书》成书，发行。

关于扬州，古往今来，不知有多少记录和描述。

这次，史无前例的，是在世界遗产的语境中，从全人类文明史发展进程的角度和高度，对扬州所可能具有的世界价值进行新的探讨；是对扬州的过去和现在广泛、深刻的再发现，再认识；是在吸收新的考古发现和研究成果的扎实基础上，梳理和依据确凿的事实和深邃的内涵，进一步发掘、升华和弘扬她的历史成就和当代意义；也是对扬州文化遗产保护新的全面推动、引导、促进、加强和发展；并将影响到扬州以外相关的方方面面。

世界范围的对比，是彰显一个文化、一处文化遗产组合的特质、意义和价值最令人信服的一种途径和方式。

千百年来，不同文化、不同族群、不同地域之间的和平交流和融合，始终是促进人类文明整体进步和繁荣最重要、最明显、最富有成效、不可或缺的因素之一。海上丝绸之路因而受到了联合国教科文组织一致、高度的重视；也因而，有了上个世纪80年代末90年代初来自全球的学者和政府代表对丝绸之路的国际联合考察盛举。

扬州不仅在海上丝绸之路中熠熠生辉，而且牵挂着陆地丝绸之路的远行……

运河作为人类文明交流、沟通的动脉，是人类历史上最伟大的工程和创造。其对文明社会发展的保障和贡献，犹如循环往复、融会交流的大动脉；在古代社会，其作用和意义更是无与伦比。

国际公认，中国的大运河无疑是运河中最伟大的一个。无论悠远的过去，还是磅礴的现在，中国大运河对于人类文明进步的影响和作用，都值得全世界赞叹和借鉴。

有国际同行深思和探问，可以看出，西方很多运河都体现出中国运河的古老技术和成就。但是，无论是已经被列入《世界遗产名录》的，还是那些其他的运河，迟于中国运河千余年的她们，是何时，经过何种途径、方式和过程，实现了跨世纪的引进和移植，还是一个谜。

而无论这个千古之谜的答案会有多少，可以肯定的是，和大运河的初创与发展始终密不可分的最著名城市扬州的千年风流，都会是谜底中一幅华丽的篇章。

也有哲人讲，作为人类最杰出成就之一的大运河对于沿岸历朝历代的人民来说，"不是生母，就是乳娘"。作为不同经济、文化发展区域结合点和特殊地理、水域汇合处的扬州，在运河初创和形成过程中的关键地位和作用，和她伴随运河而促生、延续与蓬勃扩展的繁荣，使得她无论在城市格局、建筑、规模、风貌，还是在融汇北雄南秀的综合文化内涵与人文气质，乃至政治经济地位和影响力等各个方面，都独占运河城市的鳌头。以至有国际同仁感叹，世界上再也找不出哪座城市，如扬州般与世间一条最伟大的运河如此相辅相成，造就如此的人间昌盛和永恒。哪怕是驰名的运河城市——荷兰的阿姆斯特丹。

说到扬州融汇的"北雄南秀"，还会想到她历史上特有的庞大的盐商群体、盐商文化，可追溯到战争与和平的瘦西湖，那独具一格的扬州园林，以及这一切关联着的社会政治经济制度和变迁。

世界遗产事业作为人类深层次、高水平、多维度大环保事业和人类可持续发展战略的一部分，不分民族、地域、国度、政体，受到普世的关注、重视、支持和热情参与，长盛不衰。

扬州丰富的内涵、特色和潜质，给扬州争取世界文化遗产的国际地位带来了极大的优势，但也造成了"纠结"——多样的可能和选择，多种机会，但可能只能优先选一。这体现在本丛书的内容和章节中，分出了几大类：瘦西湖、大运河和海上丝绸之路。

一般单从世界遗产的申报来讲，考虑到世界遗产申报的组合逻辑，及当前世界遗产申报限额制与国家统筹平衡的现实，首先申报与扬州历史城市特征及盐商文化传统密切相关，同时也与运河相呼应的瘦西湖、扬州历史城区和园林，妥善命名，作为一组申报，不失为一种选择。

在这一组合申报成功之后，再在合理调整内容的基础上，分别加入大运河、海上丝绸之路的申报组合，形成或交错形成扬州多重世界遗产的身份，是可行的。

另一种选择，作为大运河最突出典范的运河城市和最关键节点，首先参加大运河的世界遗产联合申报。这无疑在近期排除了再单独申报扬州为世界遗产的选择。但这应当不会削弱扬州整体的文化地位和内在的遗产价值，也不影响未来在海上丝绸之路申报世界遗产时的关联。

海上丝绸之路的世界遗产申报还没有近期的计划和预案。可以肯定的是，一旦行动，扬州必会是其中一个亮点。

扬州申报世界遗产的"纠结"源于她的优势，是一种挑战，但不是负面的问题。相信《世界的扬州·文化遗产丛书》会给我们很多相关的启示，进一步有助于"解题"，更加明确地全面促进和推动相关的研究、保护、解读和展示工作。

最要紧的是，扬州有着深厚的文化底蕴，有着不同凡响深爱着家乡和国家、具有高度文化自觉和文明水准的民众和来自四面八方的拥趸；有着顺应民意、愈来愈重视文化遗产保护与传承的当地政府；还有一支淡泊名利，珍视历史使命和机遇，痴心文化遗产事业，又特别能战斗，求实认真，并日渐成熟的专业队伍。这使得相关的努力与世俗的"文化搭台，经济唱戏"不可同日而语，成果和效应也必然会泾渭分明。《世界的扬州·文化遗产丛书》的编辑出版就是又一次明证。

扬州从来就是一个开放的国际化城市。近几年在文化景观、运河遗产等文化遗产各个领域的国际研讨中，扬州又成了全世界同行的一处汇聚地和动力源。联合国教科文组织倡导的新形势下的"城市历史景观"（HUL）保护，扬州的实践也早就在其中。

全世界庆祝和纪念《保护世界文化与自然遗产公约》40周年的活动还在余音缭绕之际，在中华大地上，《世界的扬州·文化遗产丛书》为世界遗产这一阳光事业又奏响了新的乐章。

是为之序。

2013年2月18日

序：让历史成就未来
——扬州文化遗产概述

顾　风

2007 年夏，在时任扬州市长王燕文的倡导下，我们鼓足勇气赴京参加了由国家文物局主持的大运河牵头城市的角逐，并最终如愿以偿。政府破例给了十个全额拨款事业单位的名额，于是招兵买马，网罗人才，筹建大运河联合申遗办公室，开始踏上原本我们并不熟悉的申遗之旅。五年过去了，我们这艘"运河申遗之舟"，涉江湖，过闸坝，绕急弯，正在一步步驶近申遗的目的地。五年之中我们在承担大量行政工作的同时，有机会与不同学术背景的中外专家、高校和科研机构接触、合作，通过环境的熏陶和实践的锻炼，我们这支队伍正在快速地成长进步，成为当下和未来扬州文化遗产保护的生力军。五年当中，我们通过对扬州文化遗产全面的研究梳理，2012 年扬州市被列入世界遗产新预备名单的申遗项目已从 2006 年仅有的"瘦西湖及扬州历史城区"扩展调整为"大运河（联合）、瘦西湖和扬州盐商历史遗迹（独立）、海上丝绸之路（联合）"三项。五年之中，我们另外的一大收获是，通过学习和探索，得以用新的视角对扬州的文化遗产及其价值做出判断和阐释，使我们对扬州这座伟大的城市有了更加清晰、贴近历史真实的深刻认识。

扬州是一座在国内为数不多的通史式城市，她的文化发展史可追溯到 6500 年前新石器时代中期，在高邮"龙虬庄"文化折射出江淮东部文明的曙光之后，便连绵不绝。进入封建社会以来，更是雄踞东南，繁荣迭现，影响中外。从汉初开始，吴王刘濞凭借境内的铜铁资源、渔盐之利，把吴国建成了东南地区最具影响力的经济文化中心。其后虽有代兴，但终其两汉，广陵的地位未曾动摇和改变。六朝时期，南北割据，战争频仍，作为南朝首都的重要屏障，广陵战略地位的重要性凸显出来，成为兵家必争之地。隋文帝南下灭陈，结束分裂。一统天下后，在扬州设四大行政区之一的扬州大行台，总管南朝故地，扬州成为东南地区政治、经济、文化中心。杨广即位后，开凿大运河贯通南北，连接东西，扬州具有面江、枕淮、临海、跨河的优越交通条件。作为龙兴之地的扬州，顺其自然地跃升为陪都。中唐以前，扬州虽然有着大都督府或都督府的行政地位，但主要还是依靠隋朝历史影响的延续。

"安史之乱"爆发以后，北方广大地区遭受了严重破坏；北方人口躲避战乱，大量南迁；唐王朝依赖东南地区粮食和财富；国家的经济结构和布局发生了重大变化，不得不作出相应的调整。扬州成为东南漕运的枢纽和物资集散地，赢得了历史上难得的发展机遇，区位优势得到了整体的发挥。扬州成为长安、洛阳两京之外，全国最大的地方城市和国际商业都会。唐末扬州遭受毁灭性的破坏，此后，通过五代、北宋的修复，依然保持着江淮地区政治、经济、文化中心的地位。进入南宋，淮河成为宋、金分治的界线，而扬州则成了南宋朝廷扼淮控江的战略要地。其城市性质发生了相应的变化，由一座工商繁荣的经济城市逐渐向壁垒森严的军事基地转变。蒙元帝国建立后，对全国行政系统进行了重大改革，行省制度的建立从政治上巩固了国家的统一，加强了中央集权。元代扬州作为江淮行省机关所在地，管辖范围包括今天江苏的大部、安徽省淮河以南地区、浙江全省和江西省的一小部分。作为东南重镇，其政治、经济地位和文化的影响力远在同时的南京、苏州等城市之上。明清扬州作为两淮盐业中心和漕运枢纽仍然保持着持续的繁荣，尤其在文化方面所具有的影响力和号召力并不因为行政地位的下降而有丝毫的动摇和变化。相反，到清代中期，愈发熠熠生辉，光彩照人。扬州的衰落始于盐业经济的衰落；继之于上海、天津等地的开埠，江南铁路铺设，漕运中止，商业资本大量转移。在这些因素的综合作用下，熊熊的火炉渐渐地失去了以往的能量和温度而慢慢地熄灭。失去了历史风采的扬州，最终不得不让位于上海。这座兴盛于汉，鼎盛于唐，繁盛于清，持续保持了两千年繁荣的城市曾经为中国封建社会的发展进步作出过巨大的贡献，也因此经受了无数次的毁灭和重生。

大运河（扬州段） 盘点扬州文化遗产，大运河和扬州城遗址具有举足轻重的分量和特殊的价值。邗沟是中国最早开凿的运河之一，同时也是正式见诸史籍记载的最早的运河。邗沟的开凿为千年之后大运河的开凿起到了重要的示范作用，这是大运河扬州段的价值之一。其二，自春秋以来，扬州段运河的开凿和整治以及城市水系的调整几乎没有停止过。运河在扬州段形成了交通网络和水系，也形成了运河历史的完整序列，扬州段的运河就是一座名副其实的运河博物馆。其三，由于古代扬州优越的地理位置和经济地位，扬州从唐代开始，一直是漕运的枢纽，所以无论是隋开大运河以后，还是元开南北大运河以后，扬州段的地位都极为重要。其四，作为承担历代漕运繁重任务的运河淮扬段在处理与长江、淮河、黄河三大自然水系的诸多矛盾的过程中，在中国这一用水治水的主战场上，集中使用了最先进的治水理念和水工技术。其五，漕运停止了，北方的运河渐渐失去了活力，有的甚至消失得无影无踪。作为今天北煤南运的重要通道，作为南水北调的东线源头，扬州段的运河还呈现着勃勃生机，这种充满活力的状态不仅体现了大运河这个世界运河之母的强大生命力，也是对大运河这一大型线性活态文化遗产价值的有力支撑。

在农耕文明生产力水平十分低下的条件下，古人"举锸如云"，用血肉之躯开凿运河把一座座城镇联系起来，运河的形成又为沿河城镇提供源源不断的能量，让城镇得以成长和兴旺，同时还不断催生出新的城镇，运河不断积累着中华民族的智慧和经验，也不断促进着中国封建社会的繁荣与进步。

尽管运河城市大都有着相似的成长经历,但是扬州城市和运河同生共长的历史和城河互动的发展关系堪称中国运河城市鲜活的杰出范例,同时也体现着扬州文化遗产的特殊价值。大运河孕育了扬州的多元文化,大运河也成就了扬州两千年持续的繁荣。

扬州城遗址(隋-宋) 扬州城遗址面积近20平方公里,是通过专家评审遴选出来,又经国家文物局正式公布的全国100处大遗址之一。把一个联系着城市的前天、昨天和今天的遗址公布为全国重点文物保护单位,它的突出及普遍价值在哪里呢?首先,扬州在文明发展进程中具有历史中心的地位和作用。长期以来作为国家或区域性的政治、经济、文化中心,它的作用和影响长期超越地域范围,是代表国家民族身份的。其次,由于城市东界运河,南临长江,特定的地理环境决定了城市的发展空间和发展模式。扬州城的历史发展变化具有空间和时间上的延续性,有别于长安、洛阳那些具有跨越发展特点的城市,从而成为中国历史城市类型的独特范例。其三,扬州兼有南方城市、运河城市、港口城市的性质,因此,它在城市形态、城市水系、城市交通、建筑风格方面都有着鲜明的特点。其四,曾经作为国际国内的商业都会、对外交往的窗口、漕运的枢纽、物资集散地和手工业生产基地,扬州城遗址蕴藏的文化内涵是极为丰富的。它的考古成果对研究中国城市的发展历史十分重要。其五,城市制度的先进性。作为繁华的经济中心,发达的商业和手工业必然对城市的布局、功能分区有所影响,并在城市制度方面也应有所体现。根据史料记载,唐代扬州是有别于两京,率先打破里坊制,出现开放式街巷体系的城市。扬州热闹的夜市,丰富的夜生活,赢得了中外客商和文人雅士的由衷赞美。扬州城市制度划时代的变革对中国城市产生了深远的影响。其六,正因为扬州城存在着发展空间和时间上的延续性,所以城市遗址是属于层叠形态的。它的物理空间有沿有革,但始终存在着有机的联系。

尽管扬州历史上屡兴屡废，大起大落，但城市的性质是延续的，城市发展规律还是渐变而非突变的。

明清古城 明清古城位于扬州城遗址的东南部，面积仅有5.09平方公里，属于全国重点文物保护单位扬州城遗址的重要组成部分。作为扬州主要的文化遗产，它的价值也是多元的。第一，历史空间和历史风貌。作为明清时代扬州的主城区，它是在元末战争结束之后，当时根据居住人口和经济状况重新规划建设的。但很快随着经济的发展和人口的增加，在城市东部出现了新的建城区，最终在嘉靖年间完成了新城的扩建，形成了新城、旧城的双城格局。明清古城蕴含着城市600年来大量的历史信息，尤其还保存着真实并相对完整的历史风貌和历史空间。第二，复杂而发达的街巷体系。由于商业的繁荣和高密度的居住人口，为不断适应城市生活的需求，交通组织需要作出相应的调整。复杂而发达的街巷体系成为了扬州独特的城市肌理。第三，城市物理空间的组织和利用。城市物理空间的组织利用水平体现了前人的智慧和能力。明代后期扩建新城一定程度上满足了城市功能的需要，缓解了人口居住的压力。但入清以后，随着盐业经济的迅猛发展，大量外地人口的迁入，这一矛盾又凸显出来。由于运河流经城市的东界和南界，建城区的扩张受到空间的制约。解决问题的有效办法只能是提高城市土地和空间的利用率。狭窄的街巷、鳞次栉比的建筑，凝聚着千家万户的智慧。不同的空间，不同的形式，在这里得到了统一；通风采光的共同需求在这里得到了满足。前人这种高度节约化又体现和而不同的城市规划成果，不仅赢得了当今国际规划大师的赞叹，也足以让众多死搬洋教条的规划师们汗颜。第四，建筑风格的多元化和对时尚的引领。扬州从历史上来说就是一个移民的城市，毁灭与重生，逃离和汇聚，在这里交替发生。商业都会的地位、漕运的枢纽、盐商的聚居，各省会馆的设立，带来了安徽、浙江、江西、山西、湖南等不同地域的建筑文化。这些不同的建筑文化在扬州并不是被简单的复制，而是通过交流、融合，在结构、布局、功能分配甚至工艺、材料的运用上都不断创新，最终汇集为外观时尚新颖、内涵丰富多元的扬州地方建筑特色。博采众长、开放包容、和而不同作为扬州文化的主旋律在扬州建筑文化方面表现得十分直观和生动。扬州式样在引领时尚的同时，也不断辐射和影响着周边省市。第五，盐商住宅的独特价值。两淮盐业经济是扬州的传统产业，明清时期盐业成为这座城市赖以生存和发展的支柱产业。由于靠盐业垄断经营，作为两淮盐业中心的扬州，自然成为盐商聚集的首选之地。扬州在唐代就拥有许多以姓氏命名的私家园林，在盐业资本的作用下，盐业经济呈现出畸形繁荣。建造豪宅、庭园成为一时风尚。个性设计、外观宏伟、结构严整、功能齐全、材料讲究、工艺精湛、园亭配套，成为这类建筑的基本特征。现存的这批盐商宅、园既是扬州盐商的生活遗迹，也是曾经对中国经济、文化产生重要影响的扬州盐商的历史符号，更是中国建筑艺术的不朽作品。它们的独特形态和价值有力地支撑了明清古城的风貌和内涵。第六，传统生活方式的延续和传承。尽管扬州一直以来是一个移民城市，来自不同地域的人们从四面八方带来了不同的文化和习俗，加之盐业经济长期以来对城市生活的深刻影响，扬州的城市生活方式本应该是庞杂无序的。恰恰相反，扬州的城市性质和地位让扬州产生了超强的包容性和融合力，海纳百川，终归于一。扬州不仅有自己独特的生活方式和风俗习惯，也有着自己的社会秩序和价值取向。丰富的传统节庆活动，和谐的邻里关系，相近的价值观念和人生态度。这种依附于城市特色物理空间的非物质文化遗产同样承载着城市的历史记忆，凝聚着城市的精神，反映了城市的个性，体现着城市的核心价值。

瘦西湖 瘦西湖历史上称保障河，是扬州文化遗产中的奇葩。它的前身原本是隋唐、五代、宋元、明清不同时代城濠的不同段落。作为城市西郊传统的游览区，对它的开发利用可以追溯到隋代。明清之际，在盐业经济的刺激下，盐商群体追求享乐，在历史景观的基础上，扬州的造园活动形成了新的高潮。这种风气从城市延伸到郊外。不同姓氏的郊外别墅和园林逐渐形成了规模和特色，扬州水上旅游线路正式形成。营造园林的市场需求吸引了国内，主要是江南地区的造园名家和能工巧匠向扬州汇聚；同时，本地的营造技术专业队伍也迅速地成长壮大。入清以后，康熙皇帝多次南巡，两淮巡盐御史营建高旻寺塔湾行宫，给扬州大规模的营造活动增添了政治动力。之后，乾隆皇帝接踵南巡，地方官员依赖盐商的雄厚财力，对亦已形成的盐商郊外别墅园林进行大规模的增建、扩建，并着力整合资源，提升景观品质，完成了以二十四景题名景观为骨干的扬州北郊二十四景，实现了中国古代造园史上最后的辉煌。瘦西湖景观作为文化景观遗产具有以下的价值：

一、景观艺术价值。瘦西湖景观是中国郊外集群式园林的代表作。瘦西湖狭长、曲折、形态丰富的水体空间，园林或大或小，建筑或聚或散，或庄或野，形成带状景观，宛如一幅中国传统的山水画长卷。它是利用人工，因借自然的典范；是利用人工妙造自然的杰作，极具东方艺术特质和审美价值。体现了清代盐商、文人士大夫和能工巧匠师法自然的追求，与自然和谐合一的理想。在这个景观之中，一座座园林，一处处景观像画卷一样徐徐展开，气势连贯，人工与自然天衣无缝地融为一体。

二、历史文化价值。瘦西湖景观经过历代演变，层累的历史记忆，深厚的文化内涵，最终形成了中国景观设计的经典作品。它既是中国文化景观发展史的缩影；代表了清代中期、中国景观艺术的伟大成就；见证了17～18世纪扬州盐业经济的繁荣和对国家经济文化生活的影响；见证了清中期盐商群体与封建帝王、官员和文化人相互依存的特殊社会关系；也见证了财富大量集聚对社会文化振兴和城市建设发展的特殊贡献。

三、体现人和自然和谐互动的价值。瘦西湖景观是城市聚落营建与水体利用充分结合的杰出范例。它在形成和发展过程中始终兼具城防、交通、生态、游赏等多种功能，与城市发展和人居环境存在着紧密的联系。同时，它在不同阶段功能各有侧重，生动地体现了人与自然和谐互动的关系。

四、瘦西湖景观折射出现世性价值取向。瘦西湖景观体现了造园者和文人雅士模仿自然、寄托理想、营造精神家园的共同追求；也反映了前人对山水的热爱，对自然的尊崇和美的认知。2000多年来，扬州饱经战争的浩劫，战争的残酷成了这座城市痛苦悲摧、挥之不去的集体记忆。在和平的年代里，在繁华的现实中，人们追求及时行乐，注重感官享受，崇尚现世幸福，在城市的文化精神和价值取向上呈现出显著的现世性特征。这种现世性价值取向也深刻地影响了扬州景观的审美取向和使用功能。与东晋诗人谢灵运开辟的以寻求自然与隐逸、体现"人"的主体性为特征的中国文人的山水审美相比，瘦西湖景观则具有浓重的世俗社会色彩、大众文化情趣，呈现出更加鲜活的生命力。

五、瘦西湖景观诠释了战争与和平。扬州自古以来就是兵家必争之地。城濠是城市防御系统的基本设施。战争对城市的毁灭性破坏，城市政治、经济地位的变化都会对城市产生重大影响。因为城市的变迁，废弃了的城濠成为了城市变化的历史记录。能否化腐朽为神奇，考验着古代扬州人的智慧。饱受战争之苦的扬州人民把对战争的厌恶憎恨和对和平美好生活的向往追求的情感投向了这些水体和岸线；用千年的热情，持续的努力，把它改造成充满生活情趣和自然之美的景观带和风景区。化干戈为玉帛，瘦西湖成为战争与和平的矛盾统一体，瘦西湖风景区的前世今生，向全世界诠释了一部战争与和平的动人故事。

海上丝绸之路遗产 扬州是陆上丝绸之路与海上丝绸之路的连接点，它与海外的交通可以追溯到西汉时期。唐代扬州成为名闻遐迩的国际商业都会，又是中国的四大港之一。它不仅与东北亚的暹罗、日本有着频繁的联系，而且与东南亚、南亚、西亚、东非有着贸易的往来。大量西亚陶瓷的出土，印证了史籍上关于扬州有着大食、波斯人居留的记载；城市遗址发现的贸易陶瓷其品类与上述地区9、10世纪繁荣的港市出土的中国陶瓷有着惊人的一致性；印尼爪哇岛"黑色号"沉船打捞出6万多件瓷器和带有"扬州扬子江心镜"铭文的铜镜；扬州港作为中国最早、最重要的贸易陶瓷外销港口，"陶瓷之路"起点的地位和作用越来越清晰；成功派遣到大陆13次的日本遣唐使节，其中有9次是经停扬州的；鉴真东渡，崔致远仕唐，商胡贸易这些文化交流事件影响至今。南宋以来特别到元代，是扬州中外交流另一个重要的历史时期。穆罕默德裔孙普哈丁在扬州建造仙鹤寺传播伊斯兰教，最后埋骨运河边；一批阿拉伯文墓碑和意大利文墓碑出土；基督徒也里可温墓碑的发现；加之，著名旅行家马可·波罗、鄂多立克、伊本·白图泰等人在扬州的行迹证明侨寄扬州的外国人不但数量多，且来源广泛。道教、佛教、伊斯兰教、基督教并存的状况反映了扬州国际化的提升和文化交流的成果。

"海上丝绸之路"属于文化线路遗产。从公元前2世纪开始到公元17世纪，扬州作为中国对外经济文化交流的重要窗口，一直发挥着作用，但它的突出历史地位是在唐代，重点在公元8、9世纪的中晚唐时期。由于历代战争的严重破坏、城市的变迁、长江岸线的位移变化，扬州与海上丝绸之路相关的文化遗产已经很少，除了扬州城遗址（隋—宋）以外，直接相关的遗产点有大明寺、仙鹤寺、普哈丁墓园等。幸好还有扬州城遗址不断出土的考古资料做支撑，大量史籍记载作证明。

扬州海上丝绸之路文化遗产价值主要体现在这几个方面：

一、对佛教文化的东传的贡献。扬州自东晋、南朝以来，就是与朝鲜半岛进行政治文化交流的主要城市之一，也是佛教东传的重要节点。特别是作为新罗使节、日本遣唐使、留学生、留学僧登陆、经停的主要城市，扬州不仅具有特殊的经济地位，同时也是佛教传播的重点区域，它在佛教东传过程中的桥梁作用是独一无二的。鉴真东渡作为佛教东传过程中的重大历史事件，其在文化交流史上的意义超出了宗教本身。

二、在伊斯兰教传播过程中的作用。早在伊斯兰教创立之前，扬州就有大食、波斯人的踪迹和祆教的活动。伊斯兰教创立不久，从海上丝绸之路到达扬州的大食、波斯及东南亚地区的人越来越多，扬州成为他们在中国经商贸易的基地和传播宗教的场所。这种传播活动在唐以后，又形成了新的高潮。伊斯兰教的传入，丰富了中华文化的内涵，体现了中华文明多元并蓄、包容一体的特点。

三、见证了海上丝绸之路带来的繁荣。唐代扬州不仅是国内最大的商业、手工业中心，也是中外商品十分齐全、闻名世界的国际市场，当时它在世界上的知名度和影响力如同今天的纽约、巴黎、伦敦、上海一般。大食、波斯、东南亚地区的商人带来珠宝、香料、药材，运回中国的陶瓷、茶叶、丝绸和纺织品、金属器皿。扬州不仅是本国商人最理想的经商目的地，也吸引着大批国外的商贾聚居于此。就连各地行政机构也在扬州设立办事机构，从事贸易活动。通过海上贸易往来和交流，扬州增进了与世界上不同国家和地区的相互了解，推动了文明的进步，对世界也产生了深远的影响。

四、见证了陶瓷之路的兴盛。古代中国通过海上贸易最大宗的商品不是丝绸而是陶瓷，海上丝绸之路实际上也是海上陶瓷之路。扬州是唐代四大港口中地理位置和经济地位最为重要的港口，也是陶瓷贸易的主要港口。当时南北各地生产外销瓷的主要窑口，如浙江的越窑，江苏的宜兴窑，河北的邢窑、定窑，河南的巩县窑，江西饶州的昌南窑，湖南长沙的铜官窑，广东汕头窑等都把产品运到扬州,再远销东南亚、南亚、西亚,甚至东非。迄今为止,国内还没有哪一个城市遗址出土过数量如此巨大、品种如此丰富的陶瓷实物和标本。扬州的考古成果不仅见证了陶瓷之路的繁荣,也见证了扬州为中国陶瓷走向世界所做的历史贡献。

五、见证了中外文化交流的成果。作为当时中国经济中心的唐代扬州,在中外交流方面既能绽放美丽的花朵,更能结出丰硕的果实;既有量的积累,也有质的提升。中国的建筑艺术、造园艺术、中医中药,包括陶瓷、茶叶以及漆器等各类生活用品通过扬州传播出口到朝鲜半岛、日本、东南亚、南亚、西亚等地。对各个国家各个地区的审美观、价值观,包括生活方式都产生了长远的影响。与此同时,通过扬州这个交流窗口和平台,唐人引进了制糖工艺,改进和提升了金银器加工工艺技术,学会了毡帽等皮革制品的制作。"划戴扬州帽,重薰异国香"成为唐代社会上青年人追求的时尚,扬州毡帽成了炙手可热的畅销品。

长沙铜官窑的窑场主把在扬州市场上获取的经济信息迅速反馈给生产基地。他们通过外国商人了解西亚地区的风土人情、生活习惯、审美要求,甚至在外国商人的直接指导下,对外销产品进行包装、改进,确保适销对路。年轻的长沙窑力压资深的越窑,一跃而成为中国唐代外销瓷的主角。同样,河南巩县窑,在三彩器物的设计、制作上也成功吸引了西亚文化元素。更值得一提的是,由于迎合西亚游牧民族的色彩喜好和风俗习惯,巩县窑还创烧出青花这一外销瓷器新品种,并从扬州出口进行试销。

扬州是一个通史式城市,传统的海上丝绸之路上的重要港口、古代的世界名城。今天我们用世界遗产的视角和标准对其保留的文化遗产进行审视和评估,我们在看到遗产历史跨度大、内涵丰富、具备潜质的综合优势之余,也看到遗产在真实性、完整性方面存在的不足和问题。尽管遗产数量较大、类别众多，但特色不够鲜明，质量不够优秀。扬州如同是一个参加竞技体育比赛的全能运动员，当他在参与每个单项赛事的时候，却没有绝对优势可言。这就需要我们用世界遗产的标准，而不是自订的标准；用文化的眼光，而不是行政的眼光；用敬畏审慎的态度，而不是随心所欲、急功近利的态度；用科学的手段，而不是普通的手段；对扬州现有的主要文化遗产进行深入研究，科学规划，整体保护，不断修复，全面提升，有序利用，合理利用。保护文化遗产是一项系统工程，需要有爱心，有信心，有决心，有耐心，有恒心，坚持不懈地做下去。

回顾新中国成立以来扬州文化遗产保护的不平常的经历，从军管会一号通令开始，历经十几届政府的接力，依靠三代人的努力……在实践过程中，我们有经验、有心得、有贡献，但也有迷惘、痛苦、教训和失败。

扬州的文化遗产保护之路是中国文化遗产保护艰巨历程的缩影，新任扬州市委书记谢正义在总结扬州文化保护经验的时候说到，扬州文化遗产保护之所以取得这样显著的成绩，原因是多方面的。但从政府层面上总结，是因为我们舍弃了一些短期利益，克制了一些开发的欲望，控制了一些发展的冲动，值得中国城市的管理者尤其是历史文化名城的管理者思考和借鉴。

中国是世界文化遗产大国，多元文化内涵、连续发展的历史，创造和形成了富有民族个性特点的灿烂文化和与之相对应的文化遗产。但我们国家的文化遗产保护起步较晚，力量单薄。在砸烂旧世界、创造新世界的口号声中，我们原本饱经战乱、损毁严重的文化遗产更是雪上加霜。此后，又经历"文化大革命"急风暴雨的洗礼。改革开放以后，倡导一切以经济建设为中心，文化遗产保护事业更面临着空前的压力和全新的考验。三十多年的改革开放取得了伟大的成就，但如今需要对我们的发展方式进行反思和调整。唤起文化自觉，以高度的文化自觉来保护民族的文化遗产是时代的新要求、新任务，也是社会主义政治文明和精神文明建设的重要内容。当前,从世界范围看,对文化遗产的态度是衡量一个国家、一个民族、一座城市、一个社会人文明与否的重要标尺。一个不能敬畏自己的历史,不尊重自己文化的民族是可耻的,也是可悲的。乐观地估计,通过经济发展方式的转变、管理考核机制的调整、政府管理者文化遗产保护意识的增强和文化自觉的提升、全社会文明素质的提高,再有十五年至二十年,我们硕果仅存的文化遗产才能度过危险期。

在我们继往开来向更高水平的小康社会迈进的历史发展关键时刻,我们这座具有近3000年历史的城市即将迎来2500年城庆的喜庆日子。对一座城市来说,我们需要继承物质遗产,但更需要积累精神财富,因为精神遗产对城市的作用更久远,更长效。我们申遗办的同仁在日常承担三项繁重申遗任务之余,对近几年的研究成果进行了梳理和筛选,编写出这套文化遗产丛书。它不仅记录了扬州申报世界遗产的足迹,反映了申遗工作的研究成果,同时也寄托了大家对这座伟大城市的深情和敬意。这套丛书也是我们向扬州2500年城庆献上的一份小小的礼物。

回忆过去,展望未来,我们愿同城市的管理者、建设者和全体人民一道,为把这些属于扬州、属于中国、属于全世界的系列文化遗产保护好、利用好作出我们应有的贡献!让历史告诉今天,让历史告诉未来,让历史成就未来!

2013年2月28日

目 录

第1章 海丝文化线路价值
"海上丝绸之路"的"文化线路"遗产价值特征分析… 002

第2章 淮海维扬州
第一节 淮左名都，竹西佳处……………………………… 018
第二节 千帆竞渡，百舸争流……………………………… 022

第3章 霞映两重城
第一节 淮南江北海西头…………………………………… 030
第二节 夜市千灯照碧云…………………………………… 042
第三节 东西文化传播与融通……………………………… 059
第四节 城市空间结构与形态……………………………… 076

第4章 园林多是宅
第一节 仙鹤寺……………………………………………… 087
第二节 普哈丁墓园………………………………………… 092
第三节 大明寺……………………………………………… 100
第四节 扬州城遗址………………………………………… 117
第五节 崔致远纪念馆……………………………………… 135

参考书目 ……………………………………………………… 138

后　记 ……………………………………………………… 170

第1章 海丝文化线路价值

"海上丝绸之路"的"文化线路"遗产价值特征分析

一、"文化线路"类文化遗产的基本特征

根据 2008 年国际古迹遗址理事会第十六届大会通过的《文化线路宪章》以及《实施保护世界文化与自然遗产公约操作指南》（2013 版）陈述，"文化线路"作为文化遗产保护领域中的创新性概念，在发展文化遗产认知的宏观架构、推动跨区域、跨国界的文化遗产保护合作方面具有突出的意义。"文化线路"可被理解为一种独特的历史现象，其价值特征体现为人类在一段历史时期和连续的空间内、服务于交流或交通等特定目的、通过动态交流的整体系统进行沟通和流动，实现了不同文化群体间的相互对话、交流与促进，在整体上具有跨文化意义。其遗产构成要素包括与上述价值特征相关的自然背景、各类依托物、交流产物等物质和非物质遗存要素。

二、"海上丝绸之路"具有的"文化线路"遗产特征

"丝绸之路"是最具代表性的"文化线路"遗产之一，在 2009 年形成的《丝绸之路总体突出普遍价值声明草案》[1]中，从文化遗产保护的视角对"丝绸之路"的价值与特征进行了阐述，明确指出其为"人类历史上最长的文化线路"。"海上丝绸之路"

---

[1] 2009 年 5 月 22 日，在哈萨克斯坦阿拉木图举行的"联合国教科文组织第五次丝绸之路联合申遗分区研讨会"上讨论和接受了该草案。

是"丝绸之路"的一部分[1]，指公元前 2 世纪至公元 17 世纪古代中国与亚洲、非洲、欧洲各国通过海上交通线路，在政治、经济、文化、社会、民族等方面进行的跨文明、跨文化交流之路。其具有的"文化线路"典型特征包括：长达 19 个世纪的海上交通与交流；横跨亚、非、欧大陆及其间海洋的连续空间；服务于贸易、文化等交流目的；通过海上交通整体系统进行沟通；实现了东、西方文化群体间的多领域对话与交流；其遗存组合整体体现出显著的跨文化意义。

（1）公元前 2 世纪至公元 17 世纪服务于贸易、文化等跨国交流目的的长期海上交通与交流

"海上丝绸之路"始于公元前 2 世纪的西汉年间，兴于公元 8 世纪的唐代中叶，盛于公元 10 至 14 世纪的宋、元时期，至 17 世纪的明代后期逐渐衰落。其形成基于亚、非、欧洲各国的经济贸易、外交往来及文化交流需求，其畅通则有赖于各国长期的官方保障。

根据目前的学术研究共识，"海上丝绸之路"的官方保障畅通起始时间为西汉（前 206—公元 8），标志事件是官方使者自广东徐闻、广西合浦出发，经过南海、马六甲海峡，到达印度、斯里兰卡，开通了往东南亚、南亚的南海航线。同时，自山东半岛至朝鲜半岛、日本群岛的东海航线也已开通。

中唐安史之乱（755—763），安西四镇守军东调长安，吐蕃控制了河西走廊，回鹘占据了阿尔泰山一带，唐王朝失去了对西

---

[1] "丝绸之路"最初由德国地理学家李希霍芬在 1877 年出版的《中国》一书中提出，是指中国古代经中亚通往南亚、西亚以及欧洲、北非的陆上贸易通道。其内涵后来扩展为亚欧之间的陆上和海上贸易通道，法国汉学家沙畹（Edouard Chavannes，1865—1918）在其所著《西突厥史料》中提出"丝绸之路有海陆两道"。

域的控制,陆上丝绸之路受阻并衰败。伴随造船和航海技术的发展,海上丝绸之路逐渐取代陆路,成为东西方贸易的主要通道。

北宋(960—1127)十分重视海外贸易,不仅主动遣使出海,而且给予优待招徕外商。政府在广州、泉州等主要港口城市设立市舶司。南宋(1127—1279)政府更加重视海外贸易,关税收入成为政府收入重要来源之一。宋代航海技术发展,远航能力加强,已能到达东非沿岸。元朝(1271—1368),海外贸易非常发达,航运规模世界领先。

大航海时代(15—17世纪)到来,殖民贸易发展,取代海上丝绸之路贸易,1600、1602年,英国和荷兰分别设立东印度贸易公司,是该历史转折期的标志性事件[1]。

(2)"海上丝绸之路"的交通网络横跨亚、非、欧大陆及其间海洋的连续空间

"海上丝绸之路"的交通网络主要分布于从中国跨海向东至朝鲜半岛、日本的东海航线,以及向南向西绵延至印度洋、阿拉伯海、地中海沿岸各国的南海航线上,沿线发展形成了一系列保障"海上丝绸之路"交通的海港基础设施及港口城镇。

例如作为海上丝绸之路起点的中国,其东、南沿海拥有1.8万多公里长的海岸线,历史上沿海分布有一系列与海上丝绸之路相关的重要的港口,主要包括合浦(今北海)、广州、泉州、福州、明州(今宁波)、扬州、登州(今蓬莱)、漳州等。在汉至明代的不同历史时期中,这些港口不仅建设有码头、航标建筑、造船场、

---

[1] 参考《海上丝绸之路史迹与申报世界文化遗产座谈会专家发言纪要》,2011年8月21日,广州。

仓库、驿站、海防设施等系统的海港设施,还因政府设立市舶司等主管对外贸易的官方机构,成为使节和外商云集、贸易往来和文化交流繁荣的商业贸易和文化交流中心城镇。

各历史时期中国连通海外的海上交通网络兴衰变迁概况详见下表所示[1]。

表1 中国古代海上交通网络概况

时代及航线		海上商路到达地	国内主要港口/城镇
公元前2世纪以前(先秦及秦朝)		东南亚、朝鲜半岛	—
公元前206年至公元220年(汉朝)	南海航线	东南亚,南亚	徐闻,合浦,番禺(广州),日南[2]
	东海航线	朝鲜半岛,日本列岛	—
公元220至589年(三国两晋南北朝)	南海航线	东南亚,南亚,地中海地区	广州等
	东海航线	朝鲜半岛,日本列岛	东部沿海
公元581至960年(隋唐五代)	南海航线	东南亚,南亚,西亚,地中海地区	广州,福州
	东海航线	朝鲜半岛,日本列岛	登州,扬州,楚州(淮安),苏州,明州(宁波)
公元960至1279年(两宋)	南海航线	东南亚,南亚,西亚,东非	广州,杭州,泉州,扬州,越州,温州,台州,交州
	东海航线	朝鲜半岛,日本列岛	登州,莱州,明州
公元1279至1368年(元朝)		东南亚,南亚,西亚,东非,地中海沿岸;朝鲜半岛,日本列岛	泉州,宁波,广州,温州,杭州,上海,澉浦
公元1368至1644年(明朝)	南海航线	东南亚,南亚,西亚,东非,欧洲	广州,泉州,宁波,福州,漳州
	东海航线	美洲,朝鲜半岛,日本列岛	漳州

(3)"海上丝绸之路"实现了东、西方文化群体间的多领域对话与交流[3]

---

[1] 本表内容主要参考陈炎《海上丝绸之路与中外文化交流》,北京大学出版社,1996年。
[2] 今属越南。
[3] 主要参考以下著作整理:袁行霈、严文明主编《中华文明史》,北京大学出版社,2006年;陈炎《海上丝绸之路与中外文化交流》,北京大学出版社,1996年;中国大百科全书出版社编《中国大百科全书》(第二版),2009年。

自公元前 2 世纪至公元 17 世纪的近两千年中，亚、非、欧洲沿海各国家和民族通过海上丝绸之路进行的政治交往、贸易往来、文化交流、宗教传播、技术交流、民族迁徙、物产交流等全方位的人类活动，对世界文明发展进程产生了巨大的影响。其中，与中国有关的各类交流主要体现在：

政治交往——明永乐年间（1403—1424 年）中国政府主持的七次"郑和下西洋"，是世界航海史上的伟大创举之一，也是海上丝绸之路上与中国相关的最著名的政治交往活动，其间中国使团到达国家 30 余个，发展与世界各国的睦邻友好关系，第六次返程时遣使随同赴中国的国家多达 16 国。

贸易往来——在各国贸易往来中，中国主要输出丝绸、瓷器、漆器、茶叶等，从各国则主要输入珊瑚、珍珠、琉璃、玛瑙等珠宝，以及香料、药材、象牙、犀角等。唐、宋、元时期，外贸税收成为国家收入的重要组成部分。

文化交流——通过海上丝绸之路传播交流的多样文化有儒家文化、礼制传统、妈祖信仰、山水审美、文学、艺术、民族文化等。

宗教传播——经由海上丝绸之路在中国传播的宗教主要有佛教、伊斯兰教、摩尼教、基督教等。

技术交流——通过海上丝绸之路交流或传播的各类技术有航海技术、农业种植技术、制瓷、纺织等手工业生产技术。

民族迁徙——在长期繁荣的海上贸易过程中，各国商人因跨海经商留驻中国，如广州、泉州、扬州等地的伊斯兰民族后裔。中国商人也由经商之便侨居于东南亚各地，为当地社会发展做出很大贡献。

物产交流——通过海上丝绸之路中国引入了棉花、玉米、红薯等重要作物。

三、"海上丝绸之路"的整体价值及其在中国段相关遗存要素中的体现

"海上丝绸之路"是公元前 2 世纪至公元 17 世纪东、西方通过海上交通线路进行的跨文明、跨文化交流之路，它展现了东、西方沿海各国持续两千年的有关海洋文化、宗教信仰、礼仪制度、审美理念、生产技术与产品等人类价值观和生活方式的跨海交流，为东、西方人类文明和文化的发展及共同繁荣做出了重要的贡献。其跨文化交流价值主要通过三类遗存的整体组合得以体现：保障海上交通及交流的海港航运设施体系、交流物资的生产基地、交流生成的产物。

1. "海上丝绸之路"沿线的各民族在进行商业与外交往来的同时，通过海洋知识、航海技术、航运管理、海洋信仰崇拜等海洋文化[1]的交流，促进了海上丝绸之路沿线海港的航运设施体系和城市建设发展，以及海港城市社会文化的繁荣。中国作为海上丝绸之路的起点，各古老的沿海港口城市中保存至今的典型城市历史格局及丰富的海港设施体系遗存，为海上丝绸之路的航海技术及海洋文化交流提供了特殊的物证。

中国东南沿海有着曲折漫长的海岸线，包含了许多优良的港湾。中华民族在数千年的航海史中积累了丰富的海洋知识，具有

---

[1] 海洋文化，就是和海洋有关的文化；就是缘于海洋而生成的文化，也即人类对海洋本身的认识、利用和因有海洋而创造出来的精神的、行为的、社会的和物质的文明生活内涵。海洋文化的本质，就是人类与海洋的互动关系及其产物。参看曲金良：《海洋文化概论》，青岛海洋大学出版社，1999 年。

领先世界的航海技术、航运管理经验以及独特的海洋信仰崇拜，并通过海上丝绸之路与世界各民族进行了广泛交流。

在汉代（公元前2世纪），中国人就利用发达的天文知识通过观星来确定海上方向，这一方法到元明时期（14世纪）发展为"牵星术"，通过计算北极星的高度来确定地理纬度。中国从北宋（11世纪）开始将指南针使用于航海中，发明出航海罗盘。还发明了一系列航行仪器如计程仪、测深仪，并在世界上最早使用针路和海图。同时，中国人还有先进的造船技术，很早就能够造大型的海船，并发明了密封舱等设施。蓬莱古港出土的朝鲜古船，就明显借鉴了中国东南沿海的造船技术[1]。13世纪初，以指南针的使用为代表的中国航海技术传到阿拉伯；15世纪，罗盘被欧洲人加以发展作为导航仪器而广泛使用[2]。中国南海及周边海域发现的众多中外古代沉船、船中的大量文物，充分见证了中国各历史时期的海上航行路线、远洋航行能力以及贸易的范围和规模。

中国海洋文化的相关信仰崇拜也沿着海上丝绸之路传播到世界各地。中国沿海渔民的妈祖信仰，随着海上丝绸之路的传播，遍及东南亚和东亚，并且远渡重洋，达到欧、美、非各大洲。

海上丝绸之路贸易与交流的繁荣带来了交通沿线海港城市发展，在中国东南沿海条件优良的海湾、河口附近，逐渐积聚往来商旅，与当地的渔业聚落、地方行政经济中心结合，成为一方都会，形成因海外贸易而兴的"海港城"这一特殊的聚落。这类国际贸易港呈现出截然不同于内地商业都会或行政中心的聚落

---

[1] 参看山东省文物考古研究所等：《蓬莱古船》，文物出版社，2006年。
[2] 参考路甬祥主编《走进殿堂的中国古代科技史》之"四大发明"一章，戴念祖撰，上海交通大学出版社，2009年。

形态：在地理上一般都位于海湾或河口附近，城区与港口间以水路连通、便于货物运输；在聚落组织上呈现出以海港为中心的贸易区与以政府衙署为中心的行政区并行发展分布的形态；居住区可明显区分出两种类型：居民居住区与海外侨民居住区——番坊；在聚落建筑特点上，比内地城市更多的外来元素，包括阿拉伯元素、印度元素等；在聚落文化上，不同于一般聚落的文化一致性，而呈现出习俗和信仰多元化的特点。海上丝绸之路中国段的主要古代港口城市如广州、泉州、宁波、扬州等，是东亚诸多国家和民族共同使用的国际性贸易港，都是古代东亚地区国际性港口聚落的典型物证。

同时，随着官方主持的海上贸易及文化交流的发展，支撑航运及交流的保障——航运设施也逐步发展完善、形成体系。海上丝绸之路中国段系列古代港口城市保存了完整的海港航运体系遗存，主要包括港口设施（海湾、码头、航标建筑、造船场、仓库等）、陆域交通运输设施（桥梁、道路）、管理设施（市舶司、驿站）、祭祀建筑（天后宫、海神庙等）、交易市场、海防设施等。这些航运设施构成的体系具有管理和运行方面的高度系统性，并融入了独特的海洋文化、地域文化特色，充分展现了古代中国航海技术、海港建设的发展水平，以及发达的社会制度、管理机制和文化水平。作为东亚地区的国际性港口和当时世界上最先进的航运设施体系，中国东南沿海的港口将其建设技术与体系，通过海上丝绸之路与周边民族和地区进行交流，促进了沿线海港城市规划与航运设施体系建设的共同发展。中国系列古代港口系列航运设施遗存完备地呈现了当时海路交通的基础设施体系，为繁荣的海上交通、贸易及文化交流提供了直接物证。

表2 海上丝绸之路中国段部分港口设施遗存举例

今名	古名	水域条件	码头及其他水工建筑物遗存	陆域基础设施遗存	管理与服务设施遗存	海神祭祀遗存
广州	广州港	珠江口	明清古码头			南海神庙
泉州	泉州港	泉州湾	石湖码头、美山码头和文兴码头、洛阳桥	六胜塔、姑嫂塔	市舶司遗址、番坊、来远驿遗址、德济门遗址	祈风石刻、天后宫、真武庙
福州	甘棠港	闽江口	迥龙桥、邢港古渡、东岐古渡、登文道古渡及石刻、怀安窑古渡、怀安古接官道	圣寿宝塔	课税司旧址	天妃灵应记碑
宁波	明州港	甬江口		永丰库遗址		庆安会馆
扬州	扬州港	长江口			扬州城遗址	

2.佛教及其建筑、艺术经海上丝绸之路的传播，与中国固有的文化和建筑技术、艺术结合，形成了完整的佛教仪轨体系和中国特点的佛寺、佛塔等相关建筑形式，并继而经海上丝绸之路传播到朝鲜、日本，发展出自成体系的东亚佛教建筑风格；东南亚各国也不同程度地受到中国佛教建筑风格的影响。

发源于印度半岛的佛教，于东汉时期（公元1世纪）传入中国。此后，中国与印度半岛通过海陆两路，开始了源源不断的宗教交流，双方各有僧人持续往来。佛教的教义、戒律与中国文化相结合，形成了中国化的佛教仪轨，并进而经由海上丝绸之路东传到日本、朝鲜半岛[1]。在进行宗教交流的同时，印度的佛教建筑、雕刻艺术也传入中国。佛教建筑和艺术通过海上丝绸之路进行交流，各港口城市受到的影响首当其冲。印度原有的佛塔、佛窟等建筑形式

---

[1] 佛教仪轨与戒律自中国东传，最著名的事件是唐朝鉴真和尚东渡。

传入中国,与中国木结构殿堂式建筑相结合,产生了楼阁式佛塔、殿堂式佛殿这些新的建筑形式。在东南沿海港口,至今保存着宋代(11—13世纪)的佛寺与佛塔建筑,其在装饰艺术上,充满了印度佛教的色彩,例如迦陵频伽的形象、宝箧印塔刹、婆罗门教图案石柱等。随着佛教沿海上丝绸之路的继续东传,中国东南沿海城市的佛教建筑形式也传到了日本、朝鲜半岛等地区,并得到进一步发展。在与东亚各国的交流和相互影响下,最终形成了自成体系的东亚佛教建筑风格。如韩国庆州佛国寺、日本奈良唐招提寺、日本奈良东大寺等佛寺,在寺院格局、建筑形式方面都与同期的中国佛寺一脉相承。

3. 中国的礼制文化及其所派生的城市规划模式与墓葬制度等经由海上丝绸之路传到日本、韩国、越南等东亚、东南亚地区,是华夏儒家文化、礼制文化方面价值观念交流的结果。

中国自先秦以来即发展出一套符合礼制文化传统的城市规划模式,至唐代(7世纪)发展成熟,其规划思想以儒家的礼制文化为指导,具有相对固定的棋盘式城市布局及左祖右社、前朝后寝、市坊分明等形制特点,以唐代的长安、洛阳为代表。这一规划思想在唐代通过海上丝绸之路的交流传到日本,指导了日本平城京等城市的规划。

中国的墓葬制度和丧葬礼仪也严格遵循礼制传统,自成体系,为朝鲜半岛所借鉴。如韩国忠清南道百济国武宁王陵(约公元6世纪)的墓葬形制、墓碑记载的葬俗等,都与中国仪轨相合。此外,东南亚一些国家如越南的城市规划与墓葬制度也受中国的影响。

严谨的城市规划体系和墓葬制度,体现了儒家文化中对于等级分明、礼制完善、秩序井然的理想社会的追求，是儒家文化在社会伦理观念上的延伸。中国城市规划思想与墓葬制度的传播，是华夏推崇的儒家文化及其礼制传统被广泛接受的结果。

4. 中国的山水审美意识传统所形成的园林与景观设计艺术经由海上丝绸之路传播到日本、韩国、越南等东亚、东南亚地区，推动了这些地区景观设计艺术的发展。

随着唐宋以来海上丝绸之路文化艺术的频繁交流，山水风景题材的诗画作品大批东传，中国讲求"道法自然"、追求诗情画意、意境之美的山水审美意识也经过海上丝绸之路传入周边国家和民族，被广泛地接受、推崇和发展。兼之文人画家、造园艺术家和工匠的东渡，以江南古典园林和杭州西湖为代表的中国园林景观设计艺术经由海上丝绸之路传播到日本、朝鲜，深刻地影响了这些地区的造园艺术，促进了其景观艺术的发展。后期《园冶》等造园理论著作的传入，进一步促进了日本、朝鲜的园林艺术发展。

5. 中国的制瓷、丝绸制造、漆器制作等技术经由海上丝绸之路传播到朝鲜半岛、日本、欧洲、非洲等世界各地，并影响了各地的生活方式甚至价值观念。

（1）制瓷与瓷器

瓷器是中国人民的伟大发明创造，中国瓷器技术形成于东汉晚期（2世纪），并由中国传到世界其他国家和地区。最初是大宗的瓷器通过海路运输到世界各地，至今在近至日本、马来西亚，远到波斯湾、东非沿岸，都发现经由海上丝绸之路运来的瓷器。接着，瓷器制造技术也随着瓷器的传播和工匠的迁移而传至世界各地。中国制瓷技术最早传播到朝鲜和日本。朝鲜在10世纪初即已仿造越窑、汝窑青瓷，日本在南宋（13世纪）和明初（14世纪）都曾派人来中国学习制瓷。11世纪中国制瓷技术传到波斯，又从波斯传到阿拉伯，15世纪传到意大利及欧洲其他各国。14—15世纪中亚、欧洲所造瓷器中常具有中国风格。瓷器及瓷器技术的传播，广泛地影响了人类的物质文明和精神文明。由于海路运输的优势，中国瓷器主要通过海上丝绸之路被输送到世界各地。它不仅通过改变人们所使用的生活器皿从而对当地的人民生活产生深刻的影响[1]；同时也是宗教的载体，使其艺术和教义有机地融为一体；此外，它也因其代表权贵的特性而受到欧洲的高度重视和大肆追捧[2]。

瓷器作为海上丝绸之路由中国出口的主要货品，大部分为沿海港口城市周边直接生产外销，其烧造窑址保存至今，如泉州磁灶金交椅山窑址、漳州平和南胜窑址、福州怀安窑址等。并出土了大量为外销而烧制的特殊形制的瓷器样品，包括阿拉伯造型和装饰风格的水壶、杯盘等，可与在阿拉伯半岛、东非等海外港口发现的中国瓷器相印证，为海上瓷器贸易提供了直接的物证。

（2）丝绸制造

---

[1] 《诸蕃志》苏丹条，"饮食不用器皿，初树叶以从事，食已则弃之"。又《明史·外国传》文郎马神条载，"初用蕉叶为食皿，后与华人市，渐用瓷器"。中国瓷器进入欧洲之前，当地普通人用粗陶或木制器皿作食器，上流社会往往采用金属器皿。瓷器器皿从有益于人的身体健康来说，远在金属器皿之上，当中国瓷器传入欧洲之后，欧洲如获至宝，纷纷改用中国瓷器。
[2] 1562年纽伦堡首版的《山间邮车》一书中，马德休斯（Mathesius）写道："皇室或贵族是否占有东方瓷器，是关系到他们声望的问题"，"东方瓷器的输入，迅速地使欧洲金银库存空竭，因为欧洲商人必须用金银币来偿付亚洲瓷器的输入，贵重金属外流的情况在整个欧洲都存在。法国国王路易十四为了偿付宫廷内进口瓷，甚至于金银器都熔化掉了。"

丝绸作为人类四大纺织原料之一，其制作技术是中华文明对世界的伟大贡献[1]。两千年以来，丝绸以其轻便易运输的特点，在陆上和海上丝绸之路同时得到传播。早在公元1世纪，中国的丝绸就被运输到阿拉伯世界和欧洲。唐宋以来，养蚕缫丝与纺织技术也逐步传播，纺织工人的渡海出洋，更促进了日本等地的丝绸技术发展。而海上丝绸之路的往来交流，也为中国的丝绸纺织技术提供新的灵感，出现了连珠纹、狮子、大洋花等海外图案元素。在中国沿海古代港口城市中还保存了当年为生产外销丝织品而建的生产设施，如泉州染局清白源井等，为海上丝绸生产和贸易传统提供了特殊的物证。

（3）漆器

漆器的发明，是中国对于世界的另一大贡献。从汉唐时期，中国漆器和髹漆技术开始走出国门，最先传播到朝鲜、蒙古，唐代时经由海上丝绸之路传播到日本。日本正仓院至今还收藏着唐代漆器，如琴、剑和漆镜；日本夹纻佛像及其制法是鉴真和尚在唐朝天宝年间带到日本去的，日本奈良唐招提寺"卢舍那佛坐像"、"药师如来立像"、"千手观音菩萨立像"均为鉴真弟子扬州兴云寺僧义静所造，如今都是日本的国宝。宋元期间，日本又从中国引进剔黑、剔红、戗金漆器，并进一步发展漆器技术，使得漆器技术发扬光大，成为东方文化的代表之一。中国漆器及制作技术经中亚、波斯、阿拉伯，逐渐向西传到欧洲一些国家。

6.中国沿海古代港口城市保存的伊斯兰教、摩尼教、基督教、

---

[1] 本段论述参考路甬祥主编《走进殿堂的中国古代科技史》之"纺织技术"一章，赵丰撰，上海交通大学出版社，2009年。

印度教等多种宗教建筑及遗存，外国人聚居区和墓葬区以及海港城市出土的舶来品等交流产物，见证了东、西方经海上丝绸之路进行的宗教、艺术、技术、物产等文明与文化的多方面交流，以及民族迁徙与融合对社会发展的贡献。

在海上丝绸之路中国段的主要古代海港城市中，保存了丰富的10—17世纪的伊斯兰教、摩尼教、基督教、印度教等多种宗教建筑及构筑物遗存，见证了海上丝绸之路促成的宗教传播。发源于世界各地的不同宗教，随着商人和僧侣的到达而来到中国，在政府的宽容对待下，不仅建立了各自的庙宇，拥有信仰自由，而且得以传播，获得了新的信众。这些庙宇与构筑物，既带有浓郁的发源地建筑风格，又融合了中国建筑的技术和艺术特点，成为海上丝绸之路文化交流与融合的珍贵见证。代表性史迹有：见证伊斯兰教传播的广州怀圣寺及光塔、广州清真先贤古墓、泉州清净寺、泉州灵山圣墓、扬州普哈丁墓园、扬州仙鹤寺等；见证摩尼教传播的泉州草庵摩尼光佛像；见证基督教传播的墓碑、见证印度教传播的泉州城南印度教寺庙石质建筑构件遗存等。

泉州等海上丝绸之路主要海港城市中现存有外国人聚居区"番坊"的遗迹，如泉州古城南部来远驿附近的今聚宝街、青龙巷一带，见证了民族的迁徙和融合。

在海上丝绸之路主要海港城市的城市遗址与墓葬遗存中，出土了大量来自海外的舶来品，包括印度的金饰、两河流域的玻璃制品、非洲的宝石等，相关工艺技术也随之传播，有力地见证了东西方海上丝绸之路的贸易往来与跨文明交流。

结语

"海上丝绸之路"具有"文化线路"类遗产的典型特征，展现了公元前 2 世纪至公元 17 世纪，以中国为起点，通过海上交通往来，在横跨西太平洋和印度洋的东亚、东南亚、南亚、西亚、东非、欧洲间繁荣的商贸、外交往来，以及有关海洋文化、宗教信仰、礼仪制度、审美理念、生活方式等东、西方人类价值观念的相互交流，为人类文明和文化发展及共同繁荣做出了重要的贡献。海上丝绸之路中国段以其特有的海洋航运体系、生产基地和文化交流遗存，以及在宗教、信仰、生产技术、科学知识等方面留存下的非物质遗产，为海上丝绸之路的跨海交通与跨文化交流提供了丰富而珍贵的物证。

本文在"海上丝绸之路（中国段）申报中国文化遗产预备名单文本"的工作基础上进一步整理完成。

主要执笔者：傅 晶 李 敏 王 敏 徐新云

作者单位：中国建筑设计研究院建筑历史研究所

第2章 淮海维扬州

第一节　淮左名都，竹西佳处

扬州，作为历史上重要交通港口和海上丝绸之路的节点城市，具有不可替代性。它有着四通八达的交通网络，约在公元8世纪，即已发展成为中国南北水路交汇的枢纽、大运河沿线的节点城市、海上丝绸之路的著名港口。它和东亚、南亚、中亚、西亚、小亚细亚、北非、西欧、北美等许多国家和地区，都建立了长期的友好关系。因海上丝绸之路兴盛而一度繁荣的扬州城，见证了古代扬州港和国内其他城市以及海外各国在政治、经济、文化、艺术等方面的交流情况，使扬州特别是唐代扬州的宗教、建筑、技艺等文化，随着海上丝绸之路的延伸，深入到世界的其他城市，产生了非常深远的历史影响，赢得了相当高的声誉。

《东周列国志》中吴王夫差像

早在公元前486年，吴王夫差就在长江以北建造了邗城，开通邗沟，连接长江、淮河，这被公认为扬州建城之始，至今已有两千多年的历史。公元前319年，楚在邗城旧址上建城，名广陵。秦统一中国后，设广陵县，属九江郡。汉代，吴王刘濞"即山铸钱，煮海为盐"，开盐河（通扬运河前身），景观盛极一时，促进了当时经济的发展，开创了扬州历史上的第一次繁华时期。三国时期,魏吴之间战争不断,广陵为江淮一带的军事重地。永嘉之祸时期,广陵屡经战乱,数次变为"芜城"。但由于劳动人民数百年辛勤开发,经济地位在恢复中不断提高。北周改广陵为吴州。山东青州、兖州一带的移民南迁广陵一带,促进了扬州的经济发展。

芜城赋

鲍照

泷迤平原,南驰苍梧涨海,北走紫塞雁门。柂以漕渠,轴以昆岗。重江复关之隩,四会五达之庄。当昔全盛之时,车挂轊,人驾肩,廛闬扑地,歌吹沸天。孳货盐田,铲利铜山。才力雄富,士马精妍。故能侈秦法,佚周令,划崇墉,刳浚洫,图修世以休命。是以板筑雉堞之殷,井幹烽橹之勤,格高五岳,袤广三坟,崪若断岸,矗似长云。制磁石以御冲,糊赪壤以飞文。观基扃之固护,将万祀而一君。出入三代,五百余载,竟瓜剖而豆分。

泽葵依井,荒葛罥涂。坛罗虺蜮,阶斗麏鼯。木魅山鬼,野鼠城狐。风嗥雨啸,昏见晨趋。饥鹰厉吻,寒鸱吓雏。伏虣藏虎,乳血飧肤。崩榛塞路,峥嵘古馗。白杨早落,塞草前衰。棱棱霜气,蔌蔌风威。孤蓬自振,惊沙坐飞。灌莽杳而无际,丛薄纷其相依。通池既已夷,峻隅又以颓。直视千里外,唯见起黄埃。凝思寂听,心伤已摧。若夫藻扃黼帐,歌堂舞阁之基,璇渊碧树,弋林钓渚之馆,吴蔡齐秦之声,鱼龙爵马之玩,皆熏歇烬灭,光沉响绝。东都妙姬,南国丽人,蕙心纨质,玉貌绛唇,莫不埋魂幽石,委骨穷尘,岂忆同辇之愉乐,离宫之苦

> 辛哉?
>
> 天道如何，吞恨者多，抽琴命操，为芜城之歌。歌曰：边风急兮城上寒，井径灭兮丘陇残。千龄兮万代，共尽兮何言！

隋唐时期，伴随海上丝绸之路和大运河等交通大动脉的发展、兴盛，扬州经过不断地发展，达到历史上极盛的巅峰。它成为唐朝最重要的港口城市，是南北粮、草、盐、钱、铁的运输中心和海内外交通的主要口岸，不仅在江淮之间"富甲天下"，而且是中国东南第一大都会，时有"扬一益二"之称（益州即今成都，不过成都则一直保持高度繁荣状态，城市规模也更大）。扬州城也曾为都督府、大都督府、淮南节度使治所，领淮南、江北诸州。

宋代，富裕商人阶层和新兴的市场经济得到发展，扬州成为新兴商业中心，成为富裕的代名词。明朝嘉靖年间，为防倭寇侵略，确保盐运司课银的征收和盐商大户的安全，扬州于旧城外环河增筑新城。平倭之后，新城日益繁华，蹉商麇集骈至，万历年间，盐商多达100余家，"四方之托业者辐辏焉"，当时扬州被认为是全国乃至世界上最繁华的城市之一。

清代，特别是康乾盛世，随着社会经济逐渐稳定，淮盐销售极畅，扬州又成长为全国盐业集散中心，吸引着四面八方的人们到扬州来营生逐利。新城商业市肆稠密，异常繁华。其中多子街两畔皆绸缎铺；翠花街"市肆韶秀，货分隘列，皆珠翠首饰铺"；钞关街"两畔多名肆"。盐商财力雄厚，"天下税赋盐税居半，天下盐税两淮居半"，汇兑事业也随之迅速发展，钱庄、典当业相当发达，"淮南淮北生涯好，侨寄新添会票人"，扬州成为全国最大的金融中心。全国各地豪商巨贾侨寄居扬州者不下数十万,"商贾什九,土著什一",河下一带华屋连苑,成为富商聚居地;瘦西湖一线,也逐渐形成了颇具规模的园林景观带,形成中国城市发展史上绝无仅有的格局。

20世纪初,由于铁路、公路、航空等交通运输方式的多样化,海运、河运的繁荣已成为扬州往日的辉煌,虽然扬州港口和大运河扬州段仍然继续通航,但是已失去了曾经水路运输中心的优势地位。1932年,因两淮盐场重心北倾,甚至两淮盐运使署也北迁海州,扬州逐渐变为地区性的区域城市。

《南巡盛典》中"趣园"

第二节　千帆竞渡，百舸争流

公元8世纪，西域的连绵战火阻断了丝路的驼队，陆上丝绸之路骤然衰落，海上丝绸之路成为我国对外交往的主要通道。扬州，依托当时优越的地理位置和在经济版图中的不二分量，成为海上丝绸之路的重要节点城市和东方著名港口。通过海上丝绸之路来扬州或传教，或经商，或居留的人们，纷至沓来，络绎不绝。之后，随着扬州历史地理的变迁、历代海上交通政策的调整、地区战争与和平的更迭，宋、元、明、清时期海上丝绸之路的发展，经历了诸多沉浮。

海上丝绸之路的肇始——东晋

有文献可考的扬州海外交通史，最早为东晋时代。高僧法显曾于隆安三年（399）与慧景和尚等人，从长安出发，沿陆上丝绸之路行进，越葱岭至印度。三年后，带着佛像和经书随商队至斯里兰卡。停留两年后，搭乘商船循海岸航行归国，从山东半岛海滨经广陵到达建康。

同时期的尼泊尔高僧佛驮跋陀罗，应与法显和尚结伴同行的智严、宝云和尚的邀请，度葱岭过六国，行至交趾，搭乘海船航行至青州。他曾西去长安，南下江陵。佛驮跋陀罗在广陵的时间长达4年，极有可能由建康沿长江水道东行至欧阳埭，改由运河北上广陵。这条水路发展到中古世纪，成为扬州溯江西去湘鄂、连接闽粤的重要航道之一。唐代扬州高僧鉴真和尚在第五次东渡

传说佛驮跋陀罗译经处——扬州天宁寺

失败后,曾沿这条航道回到扬州。

海上丝绸之路的鼎盛——唐代

唐代海上丝绸之路的发展进入极盛时期。由中国沿海到斯里兰卡再推进至波斯湾,到达幼发拉底河河口的阿巴丹和巴士拉城,向南延伸到阿拉伯半岛的亚丁,沿海港口城市由广州北进,延伸到长江北岸的扬州,全长约14450多海里(1海里≈1.852千米)。

扬州唐城遗址博物馆

唐代的扬州城,不仅有适宜海运的条件,通过运河南向可由江南运河直达杭州,西向可溯江而至湘鄂;或由九江南下南昌,转由梅岭之路,抵达广州;或沿淮南运河北上,直抵洛阳,以至长安。扬州水陆交通发达,是理想的财货集散地和贸易市场。

1. 与朝鲜的海上交通:儒学东传

扬州与朝鲜半岛的交通,至迟在隋唐之际就已通过海上丝绸之路的北线直接往来了。朝鲜半岛三国并立,其中东南部的新罗与山东半岛的登州隔海相望。高丽强盛前,新罗人通常沿朝鲜半岛西海岸航行进入我国渤海湾,历史上称此航线为北路。高丽强盛后,与我国发生连年战争,威胁到这条近海航行的交通线。航海技术的进步,使横渡海域的航行成为可能。新罗船只则改由朝鲜半岛中部的熊州与武州之间的海岸,横渡黄海,在登州一带海岸登陆,或沿泗水、汴水去洛阳和长安,或沿山东半岛近海航行到楚州(今淮安)以东海岸登陆,再由淮南运河南下扬州,历史上称这条航线为南路。这一时期的新罗人,乃至以后的日本国人,大都沿着这条南路来扬州。

新罗人崔致远于唐乾符元年(874)在唐参加甲午科举考试,金榜题名后入仕,初任溧水县尉,三年任满至扬州,入淮南节度使幕府,先后委以书记、都统巡官、馆驿巡官等职。曾参与修建唐城、筑羊马城,并以文会友。现存一百余首诗篇中,多数在扬州完成,其中57首收入其文学代表作《桂苑笔耕集》。中和四年(884),崔致远离扬回国,积极传播汉文化,被尊奉为"汉诗学宗师"、"东国文学之祖",追谥为"文昌侯",享有极高的文化地位。如今,在韩国的一百多座文庙中,崔致远与孔子、屈原一同接受供奉。2007年扬州设立崔致远纪念馆,展示崔致远在扬州供职、笔耕、交游等历史，为研究海上丝路在儒教东传中的作用提供了许多有价值的实证。

2. 与日本的海上交通：佛学东传

扬州与日本列国的交通，以唐代为起点。从隋开皇二十年（600）起，日本不断派遣使团来到中国，直至唐乾宁元年（894）终止。整个唐代，日本先后派遣多个使团到达中国。起初多沿朝鲜半岛近海航行，后由北九州横渡东海，从扬子江口登陆，经扬州沿淮南运河北上长安。至迟在公元8世纪初叶，扬州已成为对日本交通的东南门户。

据文献记载，来到扬州的遣唐使团约有十数次，人员从二百多人增至五百人左右。其中，藤原清河于日本孝谦女王胜宝四年（752）作为日本国第十次遣唐大使赴唐，从难波津出发，经濑户内海西行，穿过下关海峡，取道南线，横渡东海，于浙江明州登陆，

崔致远

《入唐求法巡礼行纪校注》书影

继而改由大运河航行，经扬州北上长安。高僧圆仁于唐开成三年（838）随第十五次遣唐大使来唐，所著《入唐求法巡礼行记》，完备地记载了日本和扬州之间的海路交通状况，不仅弥补了国内文献资料的不足，还填补了扬州东行入海口岸史料的空白。

唐代经由扬州港口东渡日本、又见于著录的中国人中，业绩最为卓著的首推鉴真大师。是时，扬州地区的佛教传播已进入一个新的阶段，著名寺院已达40余座。其中，鉴真和尚出家的大云寺和主持讲学并发愿东渡的大明寺，就是其中的两座大寺。东渡活动从唐天宝元年（742）开始，长达十二载之久，第六次在唐天宝十二年（753）十二月，由扬子江外黄泗浦起航，最终成功横渡东海，到达日本南九州的秋妻屋浦，翌年二月，到达日本京城奈良。鉴真除为天皇、旧大僧灵佑等四百八十余人授戒外，还建立了中日合璧风格的唐招提寺，与东大寺的戒坛院并为日本传布和研究佛教律宗的两大道场。除随行的扬州艺人匠师在建筑、塑像、雕刻艺术上发挥巨大作用，鉴真大师还带去了中国的药材、医疗技术、王羲之等人的书法作品和一批画家，在日本的医学、书法、绘画等领域产生了空前的影响。

3. 与波斯、大食的海上交通：伊斯兰教传播

波斯人来扬最早是在盛唐，大都航海至广州，沿粤赣通道上的梅岭之路到洪州，再东下扬州。最盛为中唐，路线则经由海上丝绸之路直航至扬州。正因波斯船舶驶来扬州以及大批波斯商胡来扬经商，波斯文化在扬州曾产生过广泛的影响。同时，波斯人经由这条海上通道，把从扬州收购到的丝绸、陶瓷、铜器等物品，运往丝路沿途各国和波斯本土销售。

扬州除有大批波斯商胡外,还有大食商胡聚集。他们开设胡店,经营贸易活动。随着大食人的东来,伊斯兰宗教和文化也传到了扬州。

海上丝绸之路的维系——两宋

雄富冠天下的扬州城,在唐末的兵燹后几成空城,南宋时期又成为与金、元两朝交战的前沿,其赖以繁荣的国内运输、贸易、手工业和金融市场日益衰落,扬州城兴盛状况不及唐代十分之一。两宋时期,扬州与日韩的交通大体沿着唐朝的线路航行。扬子江津北岸西沿真州港的崛起,取代瓜洲口岸成为去往汴京的要道,但仍需通过扬州运河北上。真州港事实上为扬州口岸的一个组成部分,部分朝鲜人和阿拉伯人沿着海上丝绸之路直接航行至扬州港口,或沿河北上,或溯江西去襄樊。扬州,依然是重要的航海口岸之一,仍未失内外交通的枢纽地位。

沿着海上丝绸之路来华的阿拉伯人,特别是伊斯兰传教士大都直接航行至扬州。其中,以穆罕默德十六世后裔普哈丁在扬州的事迹最为显著,并载入地方史册。后人将普哈丁葬于城东运河高岗上,并在古运河西面平地上建起一座清真寺——普哈丁墓园,后有宋代来扬的阿拉伯穆斯林撒敢达、马哈谟德、展马陆丁、法纳等人,分别葬于园内。现存扬州最早的清真寺——仙鹤寺,为宋德祐年间普哈丁募款修建。

海上丝绸之路的衰落——元明清

随着元军用兵东南,一度沉寂的海上丝绸之路重又活跃起来。来自意大利和阿拉伯等国的色目人,纷纷来到中国。扬州是他们北上大都或南下航海的必经港口。20世纪20年代,在扬州城南门挡军楼城基下出土的阿拉伯人墓葬里，大都是14世纪上半叶30年代之前，多位阿拉伯人或阿拉伯籍波斯人的遗物和遗迹。其中，有的是在元朝地方政府里做官，有的是伊斯兰教士，有的是商人。

扬州发展到明代，扬子江心的马驮沙与江北并岸，长江河口日益东移，扬州已由长江的河口段进入到近口段时期。其海外交通的港口位置，逐渐被江阴和华亭所取代。但由于在我国南北水陆交通的枢纽位置未变，扬州尚未完全失去海外交通的地位。随着郑和下西洋，大规模的舰队又沿着扬州江口，一直航行到阿拉伯海岸，重又兴起了海上交通的热潮。扬州依旧是阿拉伯穆斯林泛海而来的重要目的地之一。

清朝消极保守的闭关锁国政策，使扬州和海外交通空前冷落，几乎处于与世隔绝的状态，只与琉球国有海上往来。绵延千年之久的海上丝绸之路最终衰落。

第3章 霞映两重城

第一节　淮南江北海西头

濒江临海而扼南北大运河咽喉的扬州，在唐代统治的200年中，当"南北大冲，百货所集"，是当时全国有名的经济都会。其地理位置，与现在距海离江甚远不同，7～9世纪的扬州位于当时长江入海口的北侧，距海甚近。"东至海陵（今泰州）界九十八里，又自海陵东至海一百七里。"海舶可以直达扬州城下。扬州港位于东部沿海的中点，是当时唐朝"海上丝绸之路"的重要海港。满载丝绸、瓷器等中国货物的商船，从扬州起航后横渡东海抵达日本奄美大岛、屋久岛、种子岛，到达日本的博多港；或东出长江口经明州、广州与大食、波斯等西亚各国通商。波斯、大食商人多以扬州为据点，沿江河从事贸易活动。唐代扬州城内就有大量的波斯商人，他们多以经营药材、珠宝为业。

唐代扬州的主要地理特征，如果用更简括的文字来说明，就是"襟江"、"控河（大运河）"和"距海"这六个字，其中最主要的就是"襟江"和"控河"。这两个要点，决定了扬州在唐代内河（长江、大运河）航运上的领先地位。而"距海"所带来的影响，特别是中外文化交通上的影响也是长远的。

"襟江"与唐代扬州的长江航运

1. 沟通南北

唐代扬州的南郊就是长江，与润州隔江相望。宋祝穆《方舆胜览》曰："大江在江都县南四十五里。"这一处是长江天堑的咽喉，历来是兵家必争之地。《方舆胜览》引《郡国志》说："西北自六合县界流入，旧阔四十余里。昔魏文帝登广陵观兵，戍卒数十万，旌旗数百里，临江见波涛汹涌，叹曰：'吾武骑万队，何所用之。嗟乎，固天地所以限南北也！'晋元帝以祖逖为奋威将军、豫州刺史，渡江，中流击楫而誓曰：'祖逖不能清中原而复济者，有如大江！'辞色壮烈。"军事上争夺的要地，往往就是交通上的要道。长江北岸的扬州，自三国时就显示出它在南北交通上的重要性。如果再往前追溯，春秋时，"吴城邗，沟通江、淮"（《左传·鲁哀公九年》），北上争霸，扬州作为江北门户，沟通南北方的历史就更久远了。

2. 会聚四方

（1）"黄金水道"——长江

长江是中国古代最重要的一条水路，又称"黄金水道"。李德辉先生在《唐代交通与文学》中说："在交通落后的古代，水路的作用是无法取代的，有时甚至起着比陆路更重要的作用。"在多水的南方，尤其如此。江南地区河网密布，沟洫纵横，南方人也就习惯了以舟作车，而长江最为要道，长江上的航行也就为南人所熟习。南方人吴融就在诗中说："霞低水远碧翻红，一棹无边落照中。说示北人应不爱，锦遮泥健马追风。"（《全唐诗》卷六八五《江行》）唐代长江上的客运和货运量之大超乎今人的想象。如杜牧《上李太尉论江贼书》就说："长江五千里，来往百万人。"

（2）"滨江之都"——扬州

位于长江下游入海口的扬州，是长江航运最重要的目的地和始发站之一，它"控荆衡以沿泛，通夷越之货贿。四会五达，此为咽颐"，更是千帆竞渡，百舸争流。唐宋时的扬州江面上，"商旅往来，船乘不绝"，"自淮南之西、大江之东，南至五岭、蜀汉，十一路、百州之迁徙、贸易之人，往还皆出扬州城下，舟车日夜灌输京师，居天下之十七"。上面这一段文字出自宋朝沈括《梦溪笔谈》，所记叙的也是北宋扬州城的交通状况，但正如宋朝洪迈所言"本朝承平百七十年，尚不及唐之什一"，凭此想象，唐代扬州的长江航运又是何等的壮观。晚唐时期，文宗开成三年（838）日僧圆仁到扬州时，仍能看到"江中充满大舫船、积芦船、小船等不可胜计"。《旧唐书》中还有"秋八月乙卯，广陵郡大风，潮水覆船数千艘"的记载，可见扬州江面船只之多。李绅《宿扬州水馆》、《宿扬州》等诗，也有"舟依浅岸参差合"、"水郭帆樯近斗牛"之类的描写。

这里试引用严耕望先生对唐代长江及扬州长江航运的一段评述，以作总结："陆驿赖通使命，而大量货运端赖水道。……今就唐时实情论之，水运之盛，大江第一，运河次之，黄河又次之，淮、汉、赣、湘及粤江又次之。……荆、扬、洪、鄂诸州，每失火，焚船常数千艘，大江水运之盛可知。唐自知叶以后，农林工矿诸产品皆南盛而北衰，南方为产区，北方为销区。自岷、峨以东，淮、汉以南至岭外，皆因大江会聚扬州，由运河转运北方，其运输量之宏大可知。"由此可见，长江之于扬州，扬州又之于长江航运的重要性有多大了。

"控河"与唐代扬州的运河航运

1. 大运河的开凿及其功用、地位

唐代扬州交通地理上的另一个优势，就是它恰好处在南北运河与长江的交汇之处，成控扼之势。长江、运河都是供给扬州的大动脉和生命线，而运河因为连接了中原和江南地区，其对扬州交通、经济等方面的意义似要更大。甚至，有人还称大运河是扬州的"灵魂"。

（1）大运河的开凿

大运河的主体部分，即北段的永济渠与南段的通济渠（唐时改称广济渠），开凿于隋炀帝大业初年。《隋书·炀帝纪上》载："（大业元年）辛亥，发河南诸部男女百余万，开通济渠，自西苑引谷、洛水达于河，自板渚引河通于淮。……四年，春正月乙巳，诏发河北诸郡男女百余万，开永济渠，引沁水南达于河,北通涿郡。"（《隋书》卷三）通济渠开凿在前，永济渠在后。通济渠也更重要。南宋袁枢《通鉴纪事本末》也载："发河南、淮北诸郡民，前后百余万，开通济渠。自西苑引谷、洛水达于河。复自板渚引河，历荥泽入汴。又自大梁之东引汴水入泗，达于淮。又发淮南民十余万开邗沟，自山阳至杨子入江。渠广四十步，渠旁皆筑御道，树以柳。"通济渠串联起了河、洛、汴、泗、淮、江等大河，宽四十步（古一步为今两步，以今天的一步为0.5米计算，约宽40米），堤上皆筑御路、植柳，是古代史上和万里长城齐名的一项巨大工程。

（2）大运河的功用和地位

隋炀帝开运河，虽然大大消耗了人力、财力，但从长远利益来看，运河贯通以后，对扬州、全国乃至世界的沟通交流起到不可替代的作用。《元和郡县图志》中称运河开通后，"自扬、益、湘南至交、广、闽中等州，公家运漕，私行商旅，舳舻相继。隋氏作之虽劳，后代实受其利焉"。李肇《唐国史补》卷下也说："凡东南诸邑，无不通水，故天下货利，舟楫居多。转运使岁运米二百万石输关中，皆自通济渠（即汴河）入河而至也。"唐代有些具有反思精神、客观态度的诗人，也在诗中大胆提出了自己的见解。如鲍溶《隋帝陵下》："长夜应怜桀何罪，告成合笑禹无功。"最早把隋炀帝开凿运河的功绩，与治水的大禹相提并论。后来，皮日休《汴河怀古》也说："尽管隋亡为此河，至今千里赖通波。若无水殿龙舟事，共禹论功不较多。"许棠《汴河十二韵》也说："昔年开汴水，元应别有由。或兼通楚塞，宁独为扬州。……所思千里便，岂计万方忧？首甚资功济，终难弭宴游。"在感慨隋炀帝荒淫误国的同时，他们都能深刻地认识到隋炀帝开通南北运河的非凡意义和长远作用。大运河是隋代留给后世的宝贵遗产，不仅唐代依赖它转输东南财赋，宋、元以至明、清，它都一直在发挥着举足轻重的作用。

2. 邗沟及其对扬州的影响

《通鉴纪事本末》说"开邗沟，自山阳至杨子入江"，经清刘文淇《扬州水道记》等考证，并非实际。当时，是在古邗沟的基础上重新整治，以与通济渠配合。《江苏水利全书》卷十二《江北运河一》说这是"后世运道直径之始"。古邗沟，是春秋时吴王夫差为争霸中原，"城邗（今扬州），沟通江淮"而凿成，又名韩江、邗江，支流名有深沟、漕渠、山阳沟、山阳渎、宫河等。

它沟通射阳湖（宝应东县）至末口（淮安）入淮，是有记载的最早的人工运河。西汉初，吴王濞修邗沟，自茱萸湾（今湾头）通海陵仓及如皋蟠溪，自西而东，又名盐运河。历经一千多年，隋炀帝在开凿永济渠、通济渠和江南运河的同时，对古邗沟进行拓宽加深、拉弯就直的改造工程，使四者首尾衔接，联为一体。

通济渠和永济渠、江南运河，再加上重修的邗沟，北起涿郡，南到杭州，流经今天津、河北、山东、江苏和浙江五省市，沟通了海河、黄河、淮河、长江和钱塘江，是贯穿南北交通的大动脉。它自孟州河阴县西引黄河水东流，经宋（今河南商丘）、宿（今安徽宿县）至泗州入淮，又经楚州至扬州，距离洛阳1700余里（1里＝0.5千米），去长安2500余里。而通济渠中，扬（扬州）、楚（楚州）水道即邗江（或称官河）又十分显要，因为正是这300余里的一段运河，沟通了江、淮，进而连接起了江南和中原地区。崔颢《维扬送友还苏州》诗云："长安南下几程途，得到邗州吊绿芜。渚畔鲈鱼舟上钓，羡君归老向东吴。"邗州，即邗城，是广陵的古称。这首诗恰好体现了扬州运河沟通江南、中原的巨大功用。

运河对扬州的影响极大，在唐代时尤甚。李翱《淮南节度行军司马厅壁记》就记载了当时淮南首府扬州"南走闽越，北通幽朔，关梁不闭，朝聘相望"的盛况。从扬州官河北上可入淮、汴；自扬州入江，溯流而上，可达荆襄、巴蜀，如李白《横江词》说："横江西望阻西秦，汉水东连扬子津"，也可至江州、洪州，南下交、广、闽、粤；渡江入江南运河，可至润、常、苏、杭、睦、婺。东南七道浙东、浙西、宣歙、江西、鄂岳、湖南、福建以及长江上游的益州、荆州的财赋也由水道运抵扬州。《旧唐书》卷九四《崔融传》也说:"且如天下诸津,舟航所聚,旁通巴汉,前指闽越,七泽十数,三江五湖,控引河洛,兼包淮海。弘舸巨舰,千舳万艘,交贸往还,昧旦永日。"

"距海"与唐代扬州的海上航运

1. 唐代扬州近海的事实

隋炀帝《泛龙舟》诗云:"借问扬州在何处?淮南江北海西头。"这说明扬州是近海的。唐代扬州,东至海陵(今泰州)界九十八里,又自海陵东至海一百七里。当时长江入海口虽东移,但扬州距海还未为远。梁肃《通爱敬陂水门记》就说:"当开元以前,京江岸于扬州,海潮内于邗沟。"李绅《入扬州郭》诗序云:"潮水旧通扬州郭内,大历以后,潮信不通。李颀诗'鸬鹚山头片雨晴,扬州郭内见潮生',此可以验。"许浑《赠萧兵曹先辈》诗云:"潮生水郭兼葭响。"《旧唐书》卷三七《五行志》载:"天宝十载,广陵郡大风驾海潮,沧江口大小船只数千艘。"《新唐书》卷三六《五行志》记载,唐僖宗光启二年(886),"扬州雨鱼",实际是海潮到来,与风雨交会,海鱼随风雨卷入空中落入扬州。

唐、五代人还称与扬州隔岸相望的镇江焦山口为海门。如李涉《润州听暮角》诗云:"惊起暮天沙上雁,海门斜去两三行。"崔致远《题海门兰若柳》诗云:"广陵城畔别蛾眉,岂料相逢在海涯。"徐铉《登甘露寺北望》:"京口潮来曲岸平,海门风起浪花生。"当时潮水虽不再入郭,但仍能达扬州。李群玉诗《广陵驿饯筵留别》云:"别筵欲尽秋,一醉海西楼。夜雨寒潮水,孤灯万里舟。"马戴《送皇甫协律淮南从事》诗云:"隋柳疏淮岸,汀州接海城。楚樯经雨泊,烟月隔潮生。"张祜《金陵渡》诗亦云:"潮落夜江斜月里,两三星火是瓜洲。"

2. 唐代扬州海上航运的状况

据朱江先生《海上丝绸之路著名的港口——扬州》等相关研究,扬州是著名的"海上丝绸之路"上的重要港口之一。当时,从扬州港起航,可至日本唐津港,或经由江南运河至明州起航,横渡东海抵日本奄美大岛、屋久岛、种子岛,到达日本的博多港。鉴真和尚东渡日本,就是从扬州的瓜洲渡口出发。从扬州出长江口,经明州、广州,至大食、波斯;或沿运河北上,经楚州出淮口,还可抵高丽、新罗。晚唐新罗诗人崔致远,就是从扬州至楚州渡海回国的。

日本、新罗以及波斯、大食的使节、商旅、僧人等,很多就从扬州登陆,再北上京洛或居留扬州。从唐初到唐文宗开成三年(838)的二百年间,日本派遣遣唐使十多次,每次随行人员少则二百,多则六百。日本遣唐使来我国的航线,从日本文武天皇大宝元年(701)开始,多经由难波三津浦、濑户内海、下关海、东海,入长江口抵达扬州,然后再沿运河北上长安。随遣唐使船来中国聘请高僧的日本留学僧荣睿、普照,也是从扬州经运河去洛阳、长安的。《入唐求法巡礼记》的作者——日僧圆仁也自扬州的海岸登陆。新罗也多有使节派往唐朝。李夷简于元和十三年(819)被任命为淮南节度使的同时,也兼押新罗、渤海两蕃等使,这说明当时新罗、渤海两国使节多从扬州登陆,或到长安必经扬州。

当时的扬州,有众多蕃客胡商聚居,成为与岭南的广州、福建的泉州齐名的国际大都市。9世纪中叶,大食地理学家伊本·考尔大贝的《道程及郡国志》,就把扬州与交、广、泉三州并列为东方四大港口。大和九年（835），唐文宗还曾专门下诏，要求扬州等地的节度使经常慰问本地的胡商，减轻他们的税率："南海蕃舶，本以慕化而来，固在接以仁恩，使其感悦。如闻比年长吏，多务征求，嗟怨之声，达于殊俗……深虑远人未安，率税犹重，思有矜恤，以示绥怀。其岭南、福建及扬州蕃客，宜委节度观察使常加存问。除舶脚、收市、进奉外，任其来往通流，自为交易，不得重加率税。"上元元年（760）刘展之乱，田神功至扬州讨刘展，"大掠百姓商人资产，郡内比屋发掘略遍，商胡波斯被杀者数千人"。侧面可见当时扬州胡商之众。除了南海来的波斯、大食商人，扬州还不乏新罗商人的踪迹。《入唐求法巡礼行记》记载新罗船时常运载薪炭，由登州往楚州、扬州贩卖。新罗诗人崔致远《桂苑笔耕集》卷十八《献生日物状》中有海东人参等物献高骈，称是"采从日域，来涉天池"，"过万水千山之险"，当是从来扬州的本国商人那里采买得来。

总之，唐代的扬州城是当时唐帝国疆域之内最大的水陆交通枢纽，超过同样也是水陆要津的汴州。另外，它也是中外航线上驰名的中继大港。而且，在很大程度上，正是凭借其得天独厚的地理、交通优势，它才从唐中叶起，逐渐成为当时国内仅次于京、洛的大都市，其交通上的地位也发展到了其建城史上的顶峰。唐人诗赞叹其"广陵多车马，日夕自游盘"（韦应物《寄卢庚》），"八方称辐辏，五达如砥石"（权德舆《广陵诗》），特别是长江上"万舸此中来，连帆过扬州"（李白《经乱离后天恩流夜郎忆旧游书怀赠江夏韦太守良宰》）的景象，更是屡屡为后人所称道。扬州，在海上丝绸之路城市中的独特价值，因此得以充分彰显。

（1）从时间上看，扬州之兴时当陆上丝路与海上丝路的转承交接。

陆上丝路初兴于西汉，至8世纪中叶发展到高潮，形成了所谓的"丝路黄金时代"。"安史之乱"使唐朝政府失去了对西域的控制，陆上丝路由此中断，"乘槎断消息，何处觅张骞"。

这个时候恰好开始了扬州这座城市在中国经济体系中的鼎盛期。隋代及唐代前期，重要的商业都市大多坐落在北方的黄河流域。唐中期以后，经济重心与人口重心向南方转移，商业城市也逐渐转移到南方，始有"扬一益二"之说，扬州成为唐代后期最繁华的商业都市。

因为水运的载重量大、安全性高，宜于陶瓷的长途运输，海上丝路此时逐渐在中国对外交通贸易中担纲主角。也就是说，当陆上丝绸之路阻断、海上丝路勃兴时，适逢扬州如日中天、步入鼎盛时期。或者说，当扬州奏响华彩乐章时，海上丝路也呈现出空前的繁荣。扬州与海上丝绸之路共兴共荣的现象不是孤立的。

（2）从空间上讲，扬州是丝路陆上与海上、海上丝路南线与北线的连接点。

① 扬州是陆上丝路与海上丝路的连接点。

陆上丝路的东方起点是汉唐时代中国的政治经济文化中心，海上丝路的东方起点则是全国经济文化重心东移、南移后的中国沿海商业都市，从空间地理上来讲，把陆上丝绸之路与海上丝绸之路联系起来的是大运河。

大运河因为其在中国水陆交通网络中的关键地位，长时间成为"东方世界主要国际交通路线"。"大运河的作用，也不限于唐宋帝国内部。大运河的一端通过明州港以通海外诸国，另一端则从洛阳西出以衔接横贯亚洲内陆的'丝绸之路'。可以说，大运河起着沟通陆上'丝绸之路'和海上'丝绸之路'的巨大作用。"

大运河一头连着陆上丝绸之路的东方起点——洛阳，一头连着海上丝路的东方起点——扬州、明州，扬州则借其在大运河沿线城市中的独特位置和大运河在全国交通体系中的作用，成为陆上丝绸之路与海上丝绸之路的连接点。唐宋元明历代，大运河都是海上丝绸之路商旅货物运往中原、抵达京师的最便捷通道，扬州则是必经的一个关键连接点。

唐时不少来扬州的波斯与大食人都是由波斯湾沿海，经马六甲海峡和北部湾，抵达广州，然后从陆路转由梅岭等通道，经洪州（今南昌）入赣江，循长江经停扬州，再从扬州经运河北上抵达中原，或抵达广州后，再直接沿大陆架北上，从长江到达扬州港。

北宋时大批犹太人从孟买迁徙到中国，也是循着海上丝路来到中国，一部分在扬州定居，大部分经运河北上，落定在开封。南宋咸淳年间西域先贤普哈丁也是沿着运河从济宁南下到扬州传教，说明当时的扬州还是海上丝绸之路连接汴水的重要港口。元代马可·波罗从陆上丝绸之路来到大都，仍然是沿着运河南下到达扬州、杭州，再由泉州出海以至波斯。

② 扬州是海上丝路南线和北线的交汇点。

海上丝路有南线和北线之分，北线为中国与日本、朝鲜的交通服务，始发港口主要有扬州、明州、登州，南线则面向东南亚和印度洋、波斯湾，始发港口为扬州、广州、福州、明州。从扬州和明州出发的，既有北上传播教义的僧人，也有南下装满陶瓷的商船，这两个港口在整个海上丝路起着一个南北中转、东西联结的作用。

唐时，日本和朝鲜对华交通有两条路线：一是沿着朝鲜半岛西侧近海航行，在登州上岸入淮，或是在楚州附近登陆，然后都沿淮南运河到达扬州。晚唐时新罗人崔致远在扬州淮南幕府宦游五年后，归国时就是从扬州经运河到楚州，乘船航行回新罗的。

盛唐时因为与新罗关系恶化，日本遣唐使来华则新辟了第二条航线，即由日本九州岛南部的萨摩半岛或由北部的博多湾一带出发，直航驶抵扬州或明州，然后再沿着运河北上转往京洛。鉴真东渡走的就是这条航线。唐文宗开成三年（838），日本和尚圆仁也是从筑紫太宰府（今九州岛福冈县）出发，直航抵达扬州海陵。有唐一代，日本成功派遣了十三次遣唐使节，其中有九次是经由扬州到达长安的。

明代永乐年间，扬州天宁寺高僧道彝以国使身份出使日本，日本高僧策彦周良两次以遣明使身份出使中国，都是循着扬子江口和北九州沿岸航线对航。但此时日方登陆地点已基本固定在明州，然后再航行至扬州北上。

生力刚　刘尚杰

第 3 章　霞映两重城

第二节　夜市千灯照碧云

精工细作的唐代手工业

隋朝创建的统一局面，有利于南北经济交流，大运河的开通又使扬州成为水上交通枢纽，这就为扬州手工业进一步发展创造了良好条件。当时扬州不但有发达的冶铜、铸钱、铸镜、制盐业，而且是全国著名的造船中心。唐朝前期政治清明、社会安定、农业发展，扬州手工业也有了长足进步。特别是安史之乱以后，经济重心南移，工商户大批南下，扬州手工业达到有史以来的高峰。它的产品享誉神州，代表着当时手工业生产的最高水平，是唐帝国灿烂文明的重要组成部分；同时它蜚声域外，向世界展示了唐人精巧的工艺技术和辉煌的成就。

唐代扬州手工业以产量众多、品种齐全、式样新颖、技术精巧、质量优良领先于各大城市，其声誉之卓著、地位之重要犹如今日之上海，在全国起着举足轻重的作用。

1.唐代扬州手工业具有宏伟的规模，无论是手工业作坊的范围、生产数量，还是制造大型产品的能力，都令人刮目相看。考古工作者经过三次发掘，在扬州唐城西部发现了手工业作坊遗址。内有炉灶22座，井7口，并有熔铸坩埚、碾槽、石磨、铜矿石、煤渣、铜绿锈块、骨料和骨制品等遗物。参照地层结构，确认这里是唐代金属熔铸和雕刻制骨两类手工业作坊遗址。其范围仅发掘探方就近2000平方米，如果把调查和钻探的范围包括在内，"这片手工业作坊遗址至少在一万平方米以上"。遗址范围如此广阔，使我们对扬州手工业作坊的规模有了新的认识。从文献记载看，唐代扬州手工业作坊也是宏大的。《太平广记》卷三一五"吴延瑫"条："（张司空家）厅之西复有广厦，百工制作毕备。"可与考古成果互相印证。

唐代扬州手工业作坊的生产规模和生产数量也粲然可观。以造船业为例，刘晏在扬州扬子县设船场十，派专知官十人竟自营办，造"歇艎支江船二千艘"，每船载重一千石，用于漕运。这样的生产规模与造船能力在全国是绝无仅有的。再看铸钱，开元时江淮地区官府有钱监七个，扬州就占其二：一为广陵监，一为丹杨监，监址都在扬子县。七监"岁铸钱四万五千贯输于京师"，若按平均数计算，扬州输入京师的钱币当在12800贯左右。除输入京师之外，七监还有大量钱币输入荆、扬二州，扬州铸钱数量实际要超出上述数字。天宝时，全国有铸钱官炉九十九座，扬州占其十。每炉岁铸钱3300缗，因此，扬州岁铸钱达33000缗。江淮七监虽在建中元年一度停铸，但至迟在会昌时就已恢复，换言之，扬州官炉除有短期中断外，其余时间一直鼓铸未歇。扬州食盐产量位居全国之冠。所属海陵县每年煮盐达六十万石，在江淮盐监中首屈一指。漆器的生产规模也是惊人的，高骈节度淮南，一次献给宫廷当道造成的漆器就达15935件，仅此一斑，就足以窥见扬州漆器业的全豹。

扬州生产大型器物的能力闻名于朝野，唐宫廷所需大型器件大多令扬州承造。中宗时，扬州献巨型铜镜——方丈镜。"帝每骑马自照，人马并在镜中。"制造这种巨型铜镜不论是一次浇铸成型也好，分铸合成也好，都需要高度的冶铸水平，准确掌握合金比例，并要保证镜面的光洁度，没有娴熟的技艺是无法造成的。又，唐朝皇帝曾令扬州进献巨型铜灯树，见薛昇《代崔大夫谏造铜灯树表》："所造灯树，匠人计料，用钱四万贯。……扬州到上都三千余里，州县所过，人皆见之。"表文既说"所过人皆见之"，可见体积之庞大，从计料需"四万贯"（1贯=1000钱）看，可以推算出用铜的数量。唐代民间私自销钱铸器，每斤铜器可售600钱，即使按这一高价计算，花费四万贯钱意味着用铜料66600斤，那么所造灯树的重量和体积了然可知。朝廷不远千里，选择在扬州制造，不仅说明扬州制铜工艺水平之高，而且反映了扬州铸造大型铜器的能力之强。

2.扬州手工业产品以优良的质量蜚声全国，它不仅制作精细、坚实耐用，而且品种多样、花色新颖。这里不仅有炉火纯青的铜镜，玲珑剔透的金银器，时新的毡帽，华丽的半臂锦，甚至扬州的乐器、毛笔、纸张等也为时人所重。因此，扬州手工业产品的质量之高不是指个别门类或个别产品，而是指整体水平。可以说在唐人心目中已经形成了扬州手工业品质地最优、最可信赖、最受欢迎的观念。

扬州铜镜名闻遐迩，负有盛名。其品种有水心镜、打马球镜、海兽葡萄镜、仁寿十二生肖镜、真子飞霜镜、双鸾神兽镜、双鸾衔绶带镜、涂金四蝶镜、双狮镜、双凤镜、雀绕花枝镜等。其形制已一变魏晋南北朝单一刻板的样式，不断推陈出新，除保留圆形和少数方形以外，又创造了方形圆角、亚字形、葵花形、菱花形等。其纹饰则有蝴蝶、蜻蜓、孔雀、鹊鸟、鸾凤、盘龙、狮、十二生肖、八卦、葡萄、卷草、宝相花、万字等，千变万化（参见周欣、周长源《扬州出土的唐代铜镜》）。从质量上看，扬州铜镜深得人们的赞誉，韦应物把它比作冰，譬为玉，所谓"如冰结圆器，类璧无丝发"。白居易呼之为"一片秋潭水"，徐夤视之为"青天皎月"。这些讴歌反映了它的纯洁无瑕和青莹明亮。可以说，古代铜镜的制作，汉朝是第一个高峰，唐朝则超越汉朝，形成第二个高峰，而最先登上这一高峰之巅的正是扬州的制镜艺人。

扬州制造的金银器也精美华丽，巧夺天工。淮南节度使高骈赠幽州节度使李可举金花银合、银结条灯笼、金花平脱银装砚匣并砚几各一。这些金银制品工艺精湛，"运巧而灵丝缀藻，标奇而霞蕊雕华"，是华美新奇之作。杜牧《扬州三首》说："金络擎雕去"，指的是金丝鸟笼，这里的礼品是银丝编成的灯笼，其豪华奢侈自不用说，就工艺技术来看，它的精细玲珑和灵巧别致也足以使人赞叹佩服。

1983年8月，在扬州市内三元路西首工地上，出土了一批唐代金饰，计有金栉、戒指、耳坠、挂饰、串饰等20件，其中金栉一件，高12.5厘米，宽14.5厘米，似马蹄形，有栉齿39支，栉的上部满饰花纹。主纹为一对奏乐的飞天，身材纤巧，面部丰润，情态妍媚。一人吹笙，一人手持拍板，在空中衣带临风，飘飘如飞。飞天下方铺以如意云纹，主纹外周为蔓草纹、莲瓣纹。沿边又饰以各种形式的花纹。整个纹饰主次分明，疏密有致，使金栉显得更加富丽华贵。其余饰品制作精细，以小巧玲珑取胜，又合金、银、珍珠、宝石为一体，互相掩映，熠熠生辉。

扬州手工业品的优质名产很多。如扬州六合县所产六合笺，是唐代名纸之一。淮南道舒州所产青练笔，管小锋长，"指挥教示，颇有性灵"，得到著名书法家柳公权的称赞。扬州乐筝，曾被牛僧孺作为礼品送给白居易。这些都可以反映扬州手工业品质量之高和声誉的卓著。

3. 扬州手工业具有先进的工艺和精湛的技术。以造船技术而言，唐代扬州已经采用了水密舱技术。1973年，考古工作者在如皋蒲西发掘木船一艘，仅残存的船身就长17.32米，考定为唐代在沿海行驶的海船。船分九舱，舱板与船底用铁钉钉牢，并用石灰、桐油填实缝隙，将舱与舱密封分隔，这就是水密舱技术。它的优点是，当发生触礁一类事故时，即使有一两个船舱破损，但其他船舱仍有浮力，所以整个船体不会沉没。隔舱板从横向支撑船体，可增强船体牢度，货物分舱储放，便于装卸，有利于物资保管。如皋在唐代尚未设县，当时隶属扬州海陵县。如皋唐船出土，说明唐代扬州造船技术在全国处于领先地位。世界上直到18世纪末才开始采用这一先进技术，可见扬州造船技术在当时国际上也遥遥领先。

扬州水心镜的制作技术应该是很先进的。只是这种技术已经失传。据文献所记，它的制造过程充满了神秘色彩。如铸造时间只能在五月五日，地点只能在扬子江江心船上。唐人徐夤写过一篇《铸百炼镜赋》，对此作过解释：所以选在五月五日，是因为"火为阳晶，午为阴月，阳得阴则百工备，阳失阴则万化阙"；所以要在江心铸造，是因为"水能鉴物，火能化金"。显然他是以阴阳五行学说来解释的。撇开这点不谈，《唐语林》卷八说：

"凡造物由水,水由土;故江东宜绫纱、宜纸、镜,水之故也。"这或许道出了其中的部分奥秘。至于选择江心,固然是为了排除干扰,集中心志,但这并没有说到关键上,实际上江心人迹难至,可以避开人群耳目,防止他人窥视,这样做主要是为了技术保密。这点,徐夤已经看出来了,他说:"顾采艾之轮蹄,应难窥视;纵升天之鸡犬,莫得遥临。"(按,水心镜既属贡品,它的熔铸工艺当然不能随便流入民间。)从进奉者来说,水心镜是取悦于皇帝的重要贡物,为了固宠求媚,其制造技术也不能轻易泄漏。这样,就使得水心镜制造技术长期掌握在扬州少数工匠手里,处于"天下无双"的地位。水心镜优异的质量主要靠先进的工艺技术,经过千锤百炼取得,一切神秘的传说只是披在它身上的外衣而已。

扬州铸镜工匠还掌握了金银平脱工艺。将金银薄片剪成或缕成花卉、鸟兽、人物等形状,用胶或漆粘贴在器物表面,然后髹漆多重,细加研磨,直至露出金银花片为止。中宗时扬州献方丈镜,皆饰以金花银叶。《太平广记》卷三三四"韦栗"条,记韦女欲得一扬州漆背金花镜,当均为平脱镜。金银平脱工艺可用于铜胎,可用于木胎。而金银平脱镜则是铸镜、髹漆、金银三种工艺结合的产物,是能够体现扬州手工业整体水平的极好例证。

4. 扬州是新兴手工业部门发育地之一。中国古代的食糖多为蜂蜜或谷物制成的饴或饧。唐以前,南方虽用甘蔗制糖,但因技术和质量问题,未能获得推广,更没有形成新的手工业部门。唐太宗时,分别从摩伽佗(一作摩偈它)国和大夏国引入先进的制糖技术,糖的质量得以提高,以蔗制糖便广泛采用。而率先引进这一技术并取得成功的就是扬州和越州。《唐会要》卷一百《杂录》

说:"西蕃胡国出石蜜,中国贵之。太宗遣使至摩伽佗国取其法,令扬州煎蔗之汁,于中厨自造焉。色味逾于西域所出者。"(按,中厨即官厨。)扬州不但试制成功,而且色味超过西域,说明扬州工匠技艺之高。又,当时学会这一技术的还有越州。《续高僧传》卷四《玄奘传》云:"又敕王玄策等二十余人,随往大夏,……就菩提寺僧召石蜜匠。乃遣匠二人,僧八人,俱到东夏。寻敕往越州,就甘蔗造之,皆得成就。"以上种种,说明扬州和越州虽同用甘蔗制糖,但两书所记却各为一事,彼此互不相预。唐代扬州虽在江北,但也是产甘蔗的地区。伊本·胡尔达德比赫《道里与诸国志》:"汉府(广州)产水果、蔬菜、小麦、大麦、稻米、甘蔗。刚突(江都)物产与汉府同。"《唐大和上东征传》记鉴真赴日携带的物品就有甘蔗八十束,石蜜、蔗糖等多斤。联系《道里与诸国志》所说,这里的甘蔗、蔗糖和石蜜当为扬州所产。日本学者乌仓龙治《冲绳一千年史》说鉴真东渡,把制糖法传入日本,可作为上述的旁证。再从所带蔗糖、石蜜数量很多来看,扬州蔗糖当已批量生产,从而成为一个新兴的手工业部门。

5. 扬州手工业品有较高的知名度,它享誉神州大地,获得人们的赞美和羡叹,各阶层人民纷纷求致,竞相选用。李唐皇室所需的各类手工业品,有相当一部分指定扬州进奉。仅以土贡而言:《新唐书·地理志》所记扬州土贡多达十一种,包括蕃客锦袍、锦被、锦半臂、青铜镜、独窠细绫等著名产品。其种类和数量之多,在全国各州中独占鳌头。除土贡之外,皇帝因奢侈享乐的需要,长期向扬州宣索精致的手工业品。中宗时扬州献方丈镜已见前述。开元天宝时,杨贵妃的服用、器玩、首饰等多由扬州、益州、岭南制造。扬州所献,精美绝伦、华丽生辉,"布之于庭,光夺人目",以此长史王翼受到宠遇,迁为京官。宝历中,命扬州选竞渡船及奇文绫锦。僖宗时,高骈进献金器银器、漆器多件、绫绢锦绮等十余万匹。这些史实足以说明扬州手工业产品为皇室所青睐,扬州成为其主要的供应基地。

不少贵族、官僚、士人也以使用扬州产品为荣,并炫耀于亲朋同僚之间。咸通中,郑愚以雄才奥学显名于时,自负非凡。时崔铉镇荆南,郑身着扬州锦半臂以文章谒崔,崔甚奇之。及读其文,赏叹再三,不觉脱口说道:"真销得锦半臂也!"意谓郑才华横溢,足可与时新的锦半臂相称,扬州手工业品见重于时据此可知。

不少人还对扬州产品思之若渴,有梦寐以求者,有求托购置者,有至死靡忘者。贞元年间,窦参为御史中丞,梦谒德宗,赐以锦半臂,喜不自胜,醒后方知是南柯一梦。白居易分司东部,曾致函淮南节度使牛僧孺,求致乐筝一面。诗云:"楚匠饶巧思,秦筝多好音。如能惠一面,何啻直双金。"以中国之博大,白居易之名声地位,一筝又何难求,而特地求于牛僧孺者,当是慕扬州乐筝之名以及它不同凡响的缘故。《太平广记》卷一五七"李敏求"条,记大和初敏求在"阴府"得遇故旧柳秀才,柳谓敏求曰:"此间甚难得扬州毡帽子,他日请致一枚。"阴司固属子虚,但阴曹世界是按照人间世界塑造出来的,柳秀才求取扬州毡帽不过是人间重视扬州帽以致供不应求的反映。

造成唐代扬州手工业发达的原因是多方面的。除历史原因、资源因素外,还有以下几个主要原因:

1. 唐朝中央政府在扬州有一批官营手工业,如船场、钱监等,它们制造的产品专供朝廷和皇室使用，一般不进入市场，因而不受价值规律的支配。这些手工业无须过多考虑成本的高低和盈亏，因为它们所需经费都由国家财政开支。刘晏在扬子建造漕船时，便有意提高成本预算，每船用钱千贯。他认为"大国不可以小道理，凡所创置，须谋经久，……"有了封建国家财政的支持，官营手工业产品的质量得到保证。此外，他们役使的劳动者中有部分刑徒、奴婢、官户、杂户，他们的劳动是无偿的；岁役有定期的工匠，在服役期内的劳动也是无偿的；政府出钱和雇的工匠为数很少：因此劳动费用也相应较低。既然如此，他们在生产过程中就可以反复研制，宽裕用料，不惜工时，不惜成本，创造出精美一流的产品。扬州本身也有一批官营手工业，情况与上述相似。其他各道虽然也有官营手工业作坊，但不像扬州"富庶甲天下"有雄厚的财力为后援，因而整体水平无法与扬州抗衡。

2. 在民营手工业中，推动技术进步和提高质量的主要因素是竞争。扬州是通衢大都"百货所集"之地。各地运来的货物琳琳琅琅，争奇斗艳，在市场上竞相角逐。手工业者不仅面临本地同行之间的竞争，而且面临国内各大城市和海外产品的较量。在这千峰竞秀、万壑争流的形势下，手工业者为了生存和发展，不得不改进工艺，提高技术、设计新样、降低成本，以争取销售市场。这种竞争在某些行业中已见到实例。新淦丞韦栗在扬州为女购镜时，就出现了售镜人之间激烈的竞争。"女将一婢持钱市镜，行人……争欲求卖。有一少年年二十余，白皙可喜，女以黄钱五千馀（与）之，少年与漆背金花镜，径尺余，别一人云，有镜胜此，只取三千，少年复减两千。"行人指手工业行会中人，"争欲求卖"反映竞争之烈。另一人让价为三千,少年亦复减两千,则是价格上的竞争。"有镜胜此"说明质量上的竞争。除此,竞争还应该表现在形制、花色、品种上。扬州丝织品种类繁多,毡帽不断出现新样,铜镜纹饰千姿百态、板印历日在新历未颁之前就出现于市场。总之,促进私人手工业不断进步的力量是市场竞争。需要指出的是,官营手工业之间也有"竞争",各地长官为了取得皇帝的欢心,竞相以优异产品进献宫廷,但是这种"竞争"是政治性而不是经济性的。它能创造一流的产品,但却缺乏经济效益,因而不能持久地推动生产进步。相反,它违背市场经济规律,浪费人力、物力、财力,最终导致技术垄断(如制造水心镜技术),影响手工业的正常发展。

3. 唐代扬州是贵族、官僚、富商、大地主的麇集之地。富有阶层大多肆意挥霍,穷奢极侈,消费能力较强,从而增强了对日用品和奢侈品的需求,刺激了扬州手工业的发展。

4. 扬州是著名的商业中心,商品贸易极为发达。它的贸易范围辐射大江南北,长城内外,远及亚非各国。广阔的市场为手工业提供了充足的原料,也使产品的销路大增。通商可以惠工,二者互为支持,彼此促进,使工商同时得到发展。

5. 扬州手工业发达离不开优秀的工匠。扬州交通便利,商业兴盛,有良好的生产环境。私营手工业主在这里可以谋求发展,获取利润;具有自由身份的个体工匠在这里易于寻求生计,发挥一技之长;统治阶级为了自身的需要,也尽量招徕名优工匠。扬州长史为了进献宫廷用品,"必求良工"成其事。吕用之修建后土庙,"土木工师,尽江南之选"。由于上述原因,扬州成为能工巧匠的荟萃之地。天宝二年,扬州高僧鉴真第二次东渡,随行工匠就有玉作人、画师、雕佛、刻缕、铸写、绣师、修文、镌碑等八十五人,足见扬州人才济济,工匠云集。安史之乱后,工商南下,优秀工匠更纷至沓来。白居易盛赞扬州乐器工匠说:"楚匠饶巧思,秦筝多好音。"僖宗时,扬州木工"刻木为鹤,大小如驹,鞿辔中设机棙,人或逼之,奋然飞动",都反映了扬州艺师的心灵手巧。会集在扬州的工艺大师和能工巧匠,凭着他们的灵思慧眼和鬼斧神工,加上一般工匠的辛勤劳作,创造出灿烂缤纷、巧夺天工的产品,并把扬州的手工业水平推向新的高度。

6. 重视信息,采纳众长,是扬州手工业水平较高的又一个原因。这里与外地交往频繁,信息量大,传递速度也快于其他城市。扬州工匠在市场竞争的推动下,善于捕捉信息,模仿并改进国内的一流产品,迅速与之并驾齐驱,成为竞争对手。以织锦为例,益州是传统的制锦中心,三国时已著称于世,唐代更领先于国内。而唐前期扬州丝织业尚未知名,盛唐时才蒸蒸日上,其生产技艺和花色则有仿自益州的。唐末高骈赠李可举锦缴壁、暖子锦、被锦时,附信有"龟城传样,凤杼成功"之句,龟城即成都,"龟城传样"指从益州传来的新式样,此为扬州仿照蜀锦之证。扬州在学习益州的基础上,又不断革新,创造出半臂锦、蕃客锦袍等著名产品,质量已超迈于益州之上,所谓青出于蓝而胜于蓝了。又如唐代漆器的著名产地在襄阳,时称"襄州人善为漆器,天下取法,谓之襄样"。扬州漆器在自身发展的基础上,取法襄样,使漆器制作水平得到提高。从生产数量看,一次进献宫廷就达一万五千余件;就制造技艺看,扬州漆器艺人已掌握了金银平脱工艺和螺钿工艺。

金银平脱已见前述。螺钿工艺至迟在天宝时已经采用，鉴真赴日备办的物品中有经函五十口，就是采用螺钿工艺造成的。唐代绫的产地以定州最负盛名，其中织有团花的窠绫更为名贵。能生产窠绫的地方为数不多，只有定州、蔡州、扬州等少数几个城市。扬州的独窠细绫也属皇家贡品，可见扬州绫在全国的地位。扬州手工业既有原来的名优产品，又能兼收并蓄，博采众长，取法乎上，使后进行业也追居上游，致使绫可与定州媲美，锦可与益州颉颃，漆器可与襄阳匹敌，这就大大提高了扬州手工业的整体水平，在全国驰骋居前，使各大城市望尘莫及。

7. 扬州是对外贸易四大港口之一。许多外国商人或劈波航海，或攀山度碛，远道来扬，从事商业活动，海外贸易兴盛促进了扬州手工业的发展，外域商人带来的商品，有的成为扬州手工业产品的原料，如象牙、珊瑚、宝石等，为金银饰品制造提供了部分材料来源。海外贸易使扬州一些著名产品如铜镜、丝织品等外销量增加，促进了产量和质量的提高。与域外交往还引入了先进的技术，制糖技术从摩伽佗传入扬州，不但使扬州而且使华夏大地的制糖业产生了一个飞跃。扬州手工业产品的风格、造型、纹饰等也打上了外国文化的烙印：1975年在唐代扬州遗址发掘到人像陶范半面，形貌酷似马来人，显然是受了外国情调的影响。至于打马球图、海兽葡萄、狮形以及宝相花纹饰，更是吸收了亚洲其他一些国家和地区的艺术风格。扬州手工业因受异域文化的影响，更加绚丽多姿，因国外贸易的推动，更加繁荣昌盛。

诸祖煜

繁荣兴旺的唐代商业

唐朝之所以强大，和当时长江流域的发展，经济基础之雄厚，有着密切的关系。唐代政治经济重心虽在关中，但其经济却仰自江淮："今赋出天下，江南居十九"，当时的江南，包括扬州在内，"扬州富庶甲天下，时人称扬一益二"。唐代前期，扬州的食货即已接济两京，为朝廷赋税收入的重要源区；安史之乱后，唐廷赖以延续的东南财赋、盐铁、漕运等三大经济支柱无不与淮南节度使及其治所扬州有关，因此朝廷也十分审慎地选择淮南节度使，多以股肱之臣镇守扬州，这样安排是和扬州的经济地位相称的。

唐天宝六载（747），扬州人口已近50万人，旅居扬州的外商云集，仅阿拉伯商人就有约5000人之众，朝中贵臣、各地官员也逐渐把目标集中在扬州。如大历十四年（779）七月德宗下诏，禁止王公卿士与民争利，并在扬州的诸节度观察使等不得在扬州从事商贸活动。由于工商业活动集中，人口的增加，兴元元年（784）杜亚任淮南节度使时，侨居市民及工商业者多侵衢占道，竟使道路拥塞不通。直到晚唐，扬州商业盛况不减，所以罗隐在《广陵妖乱志》中说"富商巨贾，动辄百数"。唐朝后期扬州的富商大贾，有名的如周师儒："其居处，花木楼榭之奇，为广陵甲第。"扬州市场中，除了国内商人外还有南海诸蕃及来自波斯、大食的胡商，唐政府对外来商人采取保护政策，胡商的活动也为扬州的商业繁荣增色不少。扬州主要商贸市场的情况，代表着地方商业发展的实力，表现着扬州经济发展的繁荣。

扬州主要的商贸市场

1. 日用品市场。扬州最著名的是盐市场。据宋人洪迈《容斋随笔》载"唐世代盐铁转运使在扬州，尽斡利权，判官多至数十人，商贾如之"。盐铁转运使常驻扬州，经办盐铁事务，扬州逐渐成为盐商活动的最大城市。杜甫《柴门》诗说"风烟渺吴蜀，舟楫通盐麻"，及《客居》一诗中说"蜀麻久不来，吴盐拥荆门"，反映出江、淮盐市场的状况。中唐以来，扬州还产生了"私市"、"私贩"，这也从侧面反映了扬州盐市场的规模。江、淮也是重要产茶区，扬州又以蜀冈茶最为出名。据《太平广记》"广陵茶姥"条载，茶姥每天一大早就担着茶在扬州城大街小巷叫卖，市人都争先恐后地去购买，此则表明扬州茶市场的兴盛。又据封演《封氏闻见记》载，在长安、洛阳等京邑城市，有很多开店铺煮茶卖的商贩，"其茶自江淮而来，舟车相继，所在山积，色额甚多"。

2.奢侈品市场。扬州是当时的国际化的大都市，奢侈品贸易也很兴盛，珠宝就是其中一例。据《旧唐书·苏瑰传》载：扬州，地当要冲，"多富商大贾，珠翠珍怪之产"。扬州有著名的"广陵宝肆"，宝肆中经营珠宝的大都是来自波斯、大食等国的胡商。据唐人李朝威的《柳毅传》载：龙女遭夫家虐待，柳毅替她送信给洞庭龙君，救出了龙女。洞庭龙君为感谢柳毅，赠他碧玉箱、开水犀、红珀盘等宝物。柳毅到广陵宝肆上卖了一部分宝物，就变成了富翁。天宝十二载（753），鉴真和尚最后一次东渡，随行的弟子有扬州优婆塞蕃仙童、胡国人安如宝、昆仑人军法力等人，他们在扬州主要经营珠宝业和贵重药品。

3.药材市场。据《太平广记》"裴谌"条载，裴谌在扬州城从事药材生意，其家中"楼阁重复，花木鲜秀，似非人境，烟翠葱茏，景色妍媚，不可形状"。可见裴谌是个生活十分豪华的大药商。

天宝二载(743),鉴真和尚东渡就携带了许多香药,如麝香、沉香、甲香、干松香、龙脑、唐香、安息香、零陵香、青水香、熏陆香等,足见扬州市场香料种类的众多。这些香药并不是扬州出产的,而是来自全国各地,包括南洋、西域等地,这也从侧面反映了扬州药商的活跃。扬州药材市场集中了天南海北的名药,日本人多治比安江曾来中国求药,他于乾符四年(877)由扬州回国,带回了大批的药材和货物。

4. 手工艺品市场。扬州的手工艺品名闻天下,因此也形成了巨大的手工艺产品贸易市场。天宝年间,全国货物列于长安广运潭上,接受玄宗皇帝检阅。潭上排列的第一条船就是扬州的货船。当时长安妇女广为传唱:"潭里车船闹,扬州铜器多……"而在铜器中又以铜镜最为出色。因其制作精细,纹饰优美,作为朝廷贡品、生活日用品、外销品生产。扬州的铜镜闻名天下,最足以反映人们对扬州铜镜喜爱之情的是《太平广记》所载韦栗之女死后在扬州市场购镜的故事。扬州还有著名的陶瓷贸易市场。据考古报告表明,在扬州发现了大量的陶瓷器,从器形、釉色来看和全国著名的窑口所产的陶瓷有相似的地方,而扬州尚未发现有唐代烧窑,这些大量的陶瓷器可能是从全国各地运来的。扬州市场的这些陶瓷,一方面既满足扬州市场的需要,另一方面则由扬州这个海上丝绸之路的港口批发、转运到别的地方,畅销海外。扬州毡帽也非常有名,往往是一帽难求。据《太平广记》载:"是时京师始重扬州毡帽。前一日,广陵郡献公样者一枚,公玩而服之。"郡官用扬州毡帽向朝廷重臣送礼,可见扬州毡帽声誉极高。

5. 造船运输市场。扬州造船木料主要来自江西。《太平广记》

载:"豫章诸郡,尽出良材,求利者采之,将至广陵,利或数倍。"刘晏曾在扬州城南设立了十个造船厂,制造大船只,每造一只用钱百万。鉴真第一次、第五次东渡日本时,都曾经在扬州"造舟",这也表明扬州也存在船只买卖交易市场。扬州商船运输市场的情况,从江河繁忙的商运中可以看出,当时扬州有着"宏舸巨舰,千帆万艘"之说。据《新唐书·五行志》载,天宝十载(751),"广陵大风驾海潮,沉江口船数千艘",可看出扬州运输市场的兴盛。

扬州城居民的消费特征

1.消费具有地域性特征。扬州城以盐茶贸易市场远近闻名,扬州附近百姓多以煮盐贩茶为业。据《新唐书·食货志》载:"吴越,扬楚盐仓至数千,积盐达二万余石",足以证明扬州食盐贸易之兴盛。同期横向比较,很难在长安、洛阳、益州等城市里面见到大宗的食盐贸易与茶叶贸易的市场,就像很难在扬州看到马匹贸易,此则可以在西北的边境市场对少数民族贸易中可以见到。这也可以看出,以上的各式贸易都具有地域性特征。同时,扬州还有铜镜、毡帽等地域特色产品,这些产品都有着浓郁的扬州地域特色。再者,消费的地域性特征也和江淮人特有的生活方式有关。扬州水运发达,运输市场中主要以船舶为物资运转工具的首选,而很少选择马、驴等作为交通转运工具,鉴真的六次东渡都是使用船舶,这种消费选择方式也同扬州居民所处特有的地理环境有关。因此,扬州特有的地理环境、扬州居民特有的生活环境,也在一定程度上决定了扬州居民的生活方式并影响着他们的消费形式。

2.消费逐渐依赖于市场,对市场的依存性增强。在扬州城的居民中,有大批的达官显贵、往来商贾、文人墨客,他们或是由政府供养，或从事商品转运贸易，并不直接参与生产，因此他们的生活消费大都依赖于市场，对市场的依存性很强。同时，中国自古有重农抑商的政策，但唐自安史之乱后，北方陆路上的丝绸之路由于战火而被中断，外商来华贸易主要靠水路由广州转运到扬州。扬州成为商业重地及进出口贸易的大港口，这一时期，京师也逐渐仰仗江淮地区的经济。随着商品贸易范围扩大、社会对商人阶层的重新认识，加之扬州商业的不断发展，日用品市场、奢侈品市场、交通运输市场等逐渐健全，市场商品琳琅满目，扬州也逐渐变成了一座消费型的大城市，各色居民的消费直接或间接依赖于市场，对市场的依存性逐渐增强。

3. 时尚消费逐渐成为热点。唐中期以后，扬州逐渐成为整个国家的经济中心、海上丝绸之路及进出口贸易的重要港口，不管是波斯、大食胡商的珠宝、香料、服饰，还是扬州本地的铜镜、铜器、漆器、家具，还是由外地转运到扬州的瓷器等商品，都成为广大扬州居民竞相购买的对象，并在扬州市场中掀起了追逐时尚的热潮。李廓在《长安少年行十首》之一云："金紫少年郎，绕街鞍马光。身从左中尉，官属右春坊。划戴扬州帽，重熏异国香。垂鞭踏青草，来去杏园芳。"描绘了京城少年们时尚的打扮，其中扬州帽就是扬州产的。从扬州帽在京城长安备受珍爱的状况，我们不难看出"扬州帽"也会在扬州本地掀起追逐时尚的消费热潮。

总的来说，扬州在唐代是一座国际化的大都市，其赖于优厚的地理环境、商业环境，商品种类逐渐繁多，市场贸易日趋繁荣，都市居民生活千姿百态。

宋 立

第三节　东西文化传播与融通

唐代扬州迅猛崛起，引起四方的关注。朝廷奉行对外开放政策，对外交往日趋频繁，通过水路和陆路与来扬州的大食、波斯、婆罗门、天竺、日本、新罗、高丽和埃及等70多个国家通使友好，进行政治经济、宗教文化艺术的交往。其中最先来到扬州的是朝鲜半岛南部的新罗人，居住在扬州最多的是时称波斯的伊朗人，其次是时称大食的阿拉伯人。当时，有46万人口的扬州，波斯人和大食人就有7000多人。至于从海上丝绸之路经扬州北上的外国人就不计其数了。在这个时期，对唐代乃至后世的中外文化交流产生重大影响的，有两个人：一个是新罗人崔致远，一个是东渡日本传播文化的鉴真。

崔致远与中韩文化交流

崔致远（857—952？），韩国新罗时代学者、诗人，号故云、海云。崔致远12岁（869年）入唐求学，他的父亲对他抱有很大希望，临行前告诫他："十年不第进士，则勿谓吾儿，吾亦不谓有儿。往矣，勤哉，勿隳乃力。"崔致远到唐后，"追师学问无怠"。到僖宗乾符元年（874）宾贡进士及第。23岁时（880年）来到扬州，任淮南节度使的从事，初任代笔公文的掌书记，自和"桂苑（扬州）行人"。中和二年（882）被任命为馆驿巡官，后升任都统巡官，唐僖宗授"殿中侍御史内供奉、赐绯鱼袋"的宪衔和勋位。中和四年（884）以淮南入新罗兼送诏书、国信等使的身份离开扬州返回新罗，被新罗国王授予侍读兼翰林学士、守兵部侍郎知瑞书监。894年向真圣王献时务策10余条，官至阿餐。后屡遭诬陷，外放为大山、富城郡守。因对现实不满，隐居伽倻山，不知所终。一说后周太祖广顺二年（952），也就是高丽惠宗八年，崔致远于95岁时逝世，葬于湖西鸿山极乐寺后。

考察崔致远在唐16年的行迹可以看出，在扬州生活和工作的5年，是他一生中至为重要的时期。880—884年在扬州期间，崔致远参兴军事和修城，辛勤笔耕，写了大量的公文和诗并广交墨客。在此期间，写成《桂苑笔耕集》20卷，流芳千古，中国《新唐书·艺文志》有其传，《全唐诗》等均收有其作品。作《讨黄巢檄》，据传黄巢读其檄文，惊而堕于椅下，一时名动天下。《桂苑笔耕集》是朝鲜半岛的第一部汉文诗文集，具有重要的历史价值，被后代学者称为"东方艺苑之本始"。《桂苑笔耕集》结集了他在淮南节度使高骈幕中所撰公私文书，不但存留了许多晚唐的政治、经济、军事方面的珍贵史料，同时也是研究唐代扬州历史的重要依据。史学家范文澜评价此书是"一部优秀的文集，并且保存了大量史事"。崔致远的文学成就和爱国情操为后世赞扬，被誉为韩国汉文学的开山鼻祖，有"东国儒宗"和"百世之师"尊称。高丽显宗十一年（1020），朝廷追赠他为内史令，十四年又赠谥"文昌侯"，至今韩国人民还在先圣庙供奉他的塑像。

崔致远所居之淮南幕府本营所在地扬州，是扬州大都督府、淮南节度使府、淮南道所辖八州首府所在地。扬州，因其地理位置的重要，早在唐朝开国之初，即于此设立了扬州大都督府；安史之乱后，为加强对东南地区的控扼，增设淮南节度使。当时的扬州在政治、经济、军事以及对外文化交流上有着十分重要的地位和影响。

唐代扬州是一座具有多种功能的东南重镇。扬州是控扼东南的政治军事重镇、南北交通的枢纽,是大唐财赋的汇聚和转运中心、最大的商业城市和亚洲最大的国际商贸大港。崔致远在《桂苑笔耕集》卷十六《求化修诸道观疏》中曾这样描写扬州:"东吴丽俗,南兖雄藩,鲍参军则赋炫精妍,杨执戟则箴夸夭矫……睹耕农之蔽野,听歌吹之沸天。"他在另一篇文章《请巡幸江淮表》中也说:"江淮为富庶之乡,吴楚乃繁华之地……扬都奥壤,桂苑名区;四夷之宾易朝天,九牧之贡无虚月。"崔致远还说过:"况彼邦也,户吞越水,窗列吴山,得袁宏举扇之风,灵涛缩怒;使谢运柱帆之路,钓渚含春。及其五袴传个,百钱流誉……"崔致远的这些话,生动地反映了当时扬州作为江淮和东南地区政治、经济、军事和对外交流中心的地位。

唐代扬州富冠天下,赋出动关国计。唐代前期扬州已是朝廷赋税收入的重要源区,安史之乱后,北方广大地区赋税来源断绝,军国所需财物,大多仰仗江淮,唐廷赖以延续的东南财赋、盐铁、漕运等三大经济支柱无不与淮南节度使及其治所扬州有关。宰相郑畋曾这样对唐僖宗说:"倘使贼陷扬州,江南亦非国有。"当时淮南节度使的管辖范围是淮南道,首府为扬州,前期辖十一州,后辖八州,地域包括今江苏、安徽、湖南、湖北大部地区,因管辖范围广、地位显要,朝廷多以股肱之臣甚至宰相镇守扬州。崔致远在扬州活动期间,当时的淮南节度使是悍将高骈,他同时兼任诸道行营兵马都统、江淮盐铁转运使等职,总掌东南八道诸州财富，集军、政、财权于一身。

唐代扬州经济繁荣，对外交往特别是与新罗关系密切，除了扬州拥有傍海带江，具备漕运、江运以及海运便利的突出地理优势外，也与唐政权实施比较开明的对外交往政策是分不开的。当时位于东南交通中心的扬州深受唐政府的重视。唐代扬州大都督府、淮南节度使、淮南采访使、江淮盐铁转运使的治所和州郡官衙，都设在扬州城内。市舶、漕运、盐铁、茶运、造船、河工、专卖物品等均由扬州转运使统一管理。可以说，封建政权政治上的保护和政策上的支持、鼓励是扬州能够发展为唐朝第一大经济都会的重要原因。

唐政府对对外交往持一种提倡和保护的态度。唐文宗曾下诏："南海蕃舶，本以慕华而来，固在接以恩仁，使其感悦。……其岭南、福建及扬州蕃客，宜委节度观察使常加存问，除舶脚收市进奉外，任其往来流通，自为贸易，不得重加税率。"唐《户令》规定："诸没落外蕃得还及化外人归朝者，所在州镇给衣食，具状送省奏闻。化外人于宽乡安置。"另外还规定："外蕃人投化者复十年"，即可免十年租税和徭役。唐时与中国通商往来的国家达70多个，而扬州是可以和藩国进行单独广泛交往的外交口岸，来自新罗、高丽、日本、波斯（伊朗）、大食（阿拉伯）、婆罗门、昆仑等国长期居住经商者达数千人。

在各国中新罗和唐往来最密切，贡使贸易数量最大，在唐求学的留学生最多。唐朝与新罗经贸活动，可分为政府间外交使节来往进行的官方贸易和民间商人进行的私人贸易两种。就官方贸易来讲，唐王朝前后289年间，新罗以朝贡、献方物、贺正、表谢等各种名义共向唐派出使节126次，唐以册封、答赉等名义共向新罗派出使节34次，双方使节往来总计达160次之多。官方贸易的这类互通有无对两国的经济文化生活是富有意义的。新罗来唐留学生，可分为官派和私慕来华的两类。前者主要就读于唐两京国子监所属各学馆，后者也有散在州县各官学受业的。凡在官学就读的新罗学生，皆享受公费，由唐政府供给粮料、宿舍，免除课役，衣食费用由鸿胪寺供给，买书银则由新罗政府发给。新罗学生毕业后可参加宾贡科考试，考中的可任唐官。新罗学生入唐求学之风在9世纪达到了高潮。据《唐会要》卷三十六"附学读书"条，开成二年（837），在唐国学中修业的新罗学生有216名。新罗对归国的留学生加以重用，将身世显赫或学识渊博者分配到王廷的文翰机构，负责撰写外交公文、碑文等，其余则大多分配到地方任守令。他们中最著名的是在扬州功成名就归国的崔致远。这些都大大刺激了留学生赴唐的积极性，使得汉文化在新罗得到了更广泛的传播，也大大促进了新罗的文化发展。

此外，由于唐的对外开放政策及与新罗的友好关系，也由于交通的便利，大量新罗侨民在唐从事其他职业，其中有不少人定居于唐，终老唐土。山东半岛、江淮地区傍海地带和运河两岸是新罗侨民的聚居地，新罗的商人主要在山东半岛和江淮地区及至扬州的水线城镇进行长途贩运，居间贸易。《入唐求法巡礼行记》中记述，扬州、楚州、密州、海州、泗州、登州以及青州等地，都有新罗人居住。他们居住的街巷叫新罗坊，安置他们的旅店叫新罗馆或新罗院，各地并设有管理新罗坊的勾当新罗所，其职员、译员均由新罗人充任。据圆仁的记述，在华的新罗人务农者有之，煮盐者有之，经营私驿者有之，担任水手、导航者有之，造船者亦有之。

崔致远在扬州担任的主要官职是馆驿巡官，职司所在，主要是传递消息、投道公文、转运官物以及按品级供给来往官员行旅食宿所需。由于高骈非常赏识他的才华，就把撰写奏章等公私文件的重任也交给了他，而崔致远也想借此施展自己匡时济世的政治抱负。透过崔致远的笔触，我们可以领略唐代扬州的繁盛。

唐代扬州文人荟萃。在扬州期间，崔致远广泛交游，结识了一大批文人好友。每年暮春时节，崔致远都邀请友人一起雅集。他与同年及第的顾云有较长时间的友谊交往。除顾云外，崔致远在扬州还结识了晚唐著名诗人杜荀鹤、罗隐和张乔、吴峦、杨瞻等人，先后有诗唱和，如《送吴峦进士归江南》、《和张进士乔村居病中见寄》等。崔致远还有一位好朋友，这就是曾给过崔致远帮助的淮南节度副使李琯长官。此外，还有两位重要人物：一位是选拔崔致远进士及第的座主裴瓒。唐中和四年（884），裴瓒被朝廷重新起用，升任礼部尚书，在赴成都途中来到扬州，曾亲自来到崔致远的"官舍"探访，这让他十分感动，写下了一系列的诗文，如《五月一日别纸》、《奉和座主尚书避难过维扬宠示绝句三首》组诗等。另一位就是他投靠的幕主高骈，高骈本身就是晚唐著名文人。崔致远离开扬州回归新罗之际，十分感念高骈的知遇关怀之恩，写下了《行次山阳续蒙太尉寄赐衣段令充归觐续寿信物谨以诗谢》。诗中"既传国信兼家信，不独家荣亦国荣；万里始成归去计，一心先算却来程"两联充分表现出崔致远对高骈的感激，对"桂苑名都"扬州的眷念，同时也表明了决心归国以后再来淮南为高骈结草衔环、知恩图报的心愿。

唐代扬州是一座风景秀丽的城市。对扬州的四时景致，崔致远这样描写道："花铺露锦留连蝶，柳织烟丝惹绊莺"（春），"藜杖夜携孤屿月，苇帘朝卷远村烟"（夏），"远树参差江畔路，寒云零落马前峰"（秋），"僧寻泉脉敲冰汲，鹤起松梢摆雪飞"（冬）。扬州的繁华富庶也是崔致远吟咏的内容。《江南女》对于酒绿灯红、歌欢舞醉的"春风十里扬州路"作了另类的描写，批判了唐代扬州繁华背后掩盖着的奢靡风气。对当时扬州的景致，晚唐著名诗人杜牧的千古名篇《寄扬州韩绰判官》"青山隐隐水迢迢，秋尽江南草未凋。二十四桥明月夜，玉人何处教吹箫"也作了极为生动的描述。

唐代扬州城高标壮观。崔致远在唐活动期间，黄巢民变蜂拥而起。当时节镇扬州的高骈全力防御，而扬州的经济实力又非常雄厚，有足够的财力从事城市建设。高骈在唐乾符六年（879）前后，在扬州大兴土木，"缮完城垒"，修建了雄伟壮观的扬州罗城，并在子城和罗城各城门的外围修建了羊马城。刚到扬州不久的崔致远亲身参与了这次规模浩大的修城，并撰写了《筑羊马城祭土地文》。在这篇文章中，崔致远记录了修城的壮观场面，赞美罗城为"乌堞隼堭，高标壮观，北吞淮月，南吸江烟，平欺铁瓮之名，迥压金瓯之记"。唐代扬州城的宏伟规模，是扬州地位重要、经济富庶的反映。

唐代扬州手工业发达。除了关系国计民生的造船业、制盐业、铸钱业居全国领先地位外，金银铜器业、纺织业、漆器业、玉器业、造纸业、印刷业、制茶业以及军器业、木器业等也很发达。比如，当时扬州纺织业是全国最先进的，许多高质量的产品受到皇家的喜爱，扬州遂成为御服及其他用器重要的供应地。崔致远在《桂苑笔耕集》中记载，高骈刚到扬州任淮南节度使，即进奉御衣所需绫锦等九千六百七十八件，后又进绫、绢、锦、绮一十万匹，并对奉品有很精粹的描写："薄惭蝉翼，轻愧鸿毛，然而舒张则冻雪交光，叠积则余霞斗彩。"可见，质量已达到很高的水平。崔致远在《进金银器状》、《进漆器状》、《进御衣状》、《进绫绢锦绮等状》中记述的大量上乘物品，主产地当为扬州。在扬州期间，有一次崔致远收到高骈赐赏的新茶，崔致远为此写了一纸感谢文状。载于《桂苑笔耕集》卷十八的《谢新茶状》中说："伏以蜀冈养秀，隋苑腾芳，始兴采撷之功，方就精华之味"，指明了扬州蜀冈就是产茶之地，并说蜀冈茶"不假梅林，自能愈渴。免求萱草，始得忘忧"。据《太平寰宇记》说，宋代蜀冈所产之茶亦为贡品。这进一步表明，蜀冈茶的确是茶中精品。崔致远还有书函称其携中国茶及中药回归故里，在《谢新茶状》中描述了"所宜烹绿乳于金鼎，泛香膏于玉瓯"的煎茶法。崔致远在扬州期间，正是唐代煎茶法盛行之时，回国后也带去了大唐的煎茶法。

  唐代扬州与新罗政治经济交往密切。唐代末期，扬州在唐与新罗交往中的重要作用日益突出，新罗和淮南双方还互派使节，进行了正式的友好交往。在崔致远《桂苑笔耕集》中，就记载了三次这样的官方交往：一是唐广明二年（881）前后，新罗宪康王在获悉广明元年（880）"寇逼咸秦，驾巡庸蜀"的危殆情形后，向当时的东面都统兼指挥京西京北神策诸道节度兵马制置等使高骈提出出兵入唐助战的请求。二是唐中和三年（883），新罗王室派探侯使朴仁范携新罗王给高骈的书信和给唐廷的国礼来到淮南。崔致远奉高骈之命写了别纸《朴仁范员外》。三是在唐中和四年（884），新罗王派新罗国入淮南使金仁圭渡海来到扬州，从事官方交往。

扬州作为唐代最繁荣的经济都会和重要的对外贸易口岸，不少新罗商人来扬州留居经商。崔致远记录了晚唐中和年间（880—884）新罗商人在扬州从事的官方交往和民间贸易活动的许多线索。崔致远在淮南幕时，自己也采购或参与了新罗客商在扬州的贸易活动。再从唐代新罗国第一海商张保皋的兴起也可以看出，当时与扬州贸易之于新罗有着十分重要的地位。张保皋本从军于唐，并在扬州经商，他的兴起得益于新罗在扬州的商团势力，并借此在清海镇（莞岛）组织起大量的商船。后归国为清海大使，立神武王（839）。张保皋拥有庞大的商业船队，在新罗、唐、日本三国间进行大宗贸易，其最重要的贸易国是唐，最大的贸易地当是扬州，所以新罗真骨贵族在与张保皋的对抗中，企图拉拢扬州官吏拒绝对清海镇的贸易，并且孤立清海镇时，张保皋立即亲赴扬州，以恢复双边贸易。足见扬州与新罗的贸易关系十分紧密，并且对新罗的政治经济形势有着重要的影响。

鉴真与唐代宗教文化

唐代开放的扬州，海纳百川。隋唐时代扬州是我国的佛教艺术中心，天台宗、三论宗、密宗、净土宗、禅宗、律宗都有流传。扬州不仅接受日本、新罗等亚洲各国僧侣前来交流和学习宗教文化，还派僧徒前往东亚和东南亚国家传播唐朝的宗教文化。

早在隋代晋王杨广任扬州总管时，便大力提倡佛教，使扬州成为当时南方的佛教中心。杨广本人也受过菩萨戒,举办过盛况空前的千僧会,是位居士。当时扬州高僧云集,寺院林立,佛学活动十分活跃。隋文帝时扬州写经业也十分发达,书手多达数十人。文帝三次敕令各州建造佛塔,扬州是全国第一次立塔的30州之一。

时至唐代,扬州仅城内就有寺庙数十处。天台宗、三论宗、密宗、净土宗、禅宗、律宗都有流传。唐代僧人都将戒律看作入道正传,一时大兴。淮南佛教则因道岸、义成、法慎、鉴真等律学大师弘化而更为昌盛,中国佛教文化的繁荣达到了顶峰。此时,佛教对外交往也日渐增多。鉴真东渡,就是中国和日本、扬州与奈良佛教结缘的千古佳话。

鉴真,从扬州东渡日本的中国高僧

一个人的成长是与他所处的环境息息相关的。一个人的事业成败,也是与他所处的环境紧紧相连的。鉴真从小生活在扬州,受到浓烈佛教气氛的熏陶、良好文化环境的影响,成为一位视野开阔、胸襟坦荡、志向远大、坚韧不拔、博学多才的大德名僧。鉴真年幼出家,好学上进,是名震全国的宫廷传戒大师道岸云游扬州时发现了他,并破格为年仅18岁的他授戒。后来又是道岸引荐他游学洛阳、长安,遍访高僧名寺。鉴真在长安寺阅读并抄写了玄奘等人翻译的大批经卷,协助道岸修建小雁塔。道岸还介绍他聆听了金修、济融、智远、义威等名师讲学,还引荐他向宫廷太医学习了不少医学秘方,最难得的是道岸礼请与怀素齐名的弘景大师为他授了具足戒。弘景是律宗名师,中宗、武后三次召他入内庭供养,作皇室授戒师;他又奉诏重译《华严经》,并著有《顺了义论》、《佛性论》等著作11卷。弘景与奉诏进京的道岸都是宫廷授戒师，两人友谊颇深。弘景当时已75岁，正是因道岸的礼请，才答应收鉴真为关门弟子，举行了十分隆重的三师七证授戒仪式。也正是这位律学大师，对鉴真后来成长为律学高僧影响极大。京都游学，高僧指点，名师授教，鉴真终成饱学之士。回到市井繁华、佛教兴盛的扬州，他便有了用武之地，从中得到不少实际知识。他在东渡之前的几十年中，先后讲律宗论著《四分律》、《律抄》、《轻重仪》、《羯磨疏》130多遍，授戒4万余人；他还主持造寺塔80余座，造佛像无数，缝制袈裟三千领，书写一切经三万三千余卷，还设悲田院救济穷人，辟药草园煎调药物救治病人。他的弟子遍及扬州、润州、长安、汴州、江州、洛州、明州、越州、杭州，他们各在一方，讲说鉴真所授学说，可谓桃李满天下。50多岁的鉴真已成为道俗归心的江淮宗教首领。也正因为鉴真成长为一位声名显赫的大德高僧，日本僧人荣睿、普照才不远万里，慕名前来聘请。也正因为鉴真掌握了诸多实际知识，他到日本后才能与弟子一道，完成文化传播的使命。

　　鉴真东渡要漂洋过海，需要有规模较大的海船和经验丰富的水手。鉴真亲自领导的僧团从扬州出发共有三次，一次是购买的军船，两次是自己打造的船只。一条海船通常要载水、粮和各种物资四五万斤，僧人、工匠、水手近百人，应该说船体规模是比较大的，但也不过三四个月时间便打造成功，足见扬州造船业的实力。当时航海技术落后，没有先进的机器和设备，渡海的水手必须有丰富的航海经验。鉴真每次都能在很短时间内，就雇到船夫、水手一二十人。造船、买船也好，雇用船夫、水手也好，要不是扬州这样得天独厚的条件，为他提供方便，若是在一般僻远落后的城市，是很难做到的。

唐代以前，多是外国传教士来中国传教，或是中国僧人去外国取经，而应聘出国传经，并且取得杰出成就的，可以说鉴真是第一人。以往传教士来中国也好，中国僧人去国外求学也好，都是单一的传教与取经。鉴真东渡的目的主要是弘扬佛法，但他又要将盛唐优秀的文化艺术传到日本去，因此，必须以僧团的形式才能完成这一任务。鉴真每次渡海，除了带去水、粮等必需的生活物资外，还要带去数以千百计的佛像、佛具、佛经，还有漆器、玉器、铜器、绣品等大量工艺品，以及数量可观的药材、香料、蔗糖、钱币等。为了能将丰富的文化传播到日本，他还带了一批画师、绣师、雕刻、铸写、修文、玉作人及烹饪师等工匠和艺人。扬州是东南佛教中心，名僧荟萃，他每次的随行弟子，除扬州本地的高僧外，还有不少来自全国各地乃至外国有一技之长的僧人。这在一些信息不畅、交通闭塞、经济萧条、文化滞后、人才缺乏的都市来说，无疑是很难做到的。而繁华昌盛的扬州，为他提供了东渡弘法、传播文化的良好条件。

鉴真是唐天宝十二载（753），应邀乘坐日本遣唐使藤原清河的遣唐船到达日本的。鉴真东渡不仅是为了弘扬佛法，还将中国繁盛的佛教文化艺术全面地介绍到日本，普度众生。他挑选了扬州、台州、滕州、衢州的昙静、思托、法进、义静、法载、法成、智首、潘仙童及胡人安如宝、昆仑人军法力、瞻波国人善听等21人，带了大量的如来肉舍利、佛像、经卷、菩提、古莲子、金铜塔、药材等，还有王羲之、王献之真迹行书及各种字帖50帖。鉴真到日本后，正四位下安宿王作为敕使出迎，安置在皇家寺院东大寺。不久，吉备真备又以国使身份来东大寺宣布日本天皇圣旨："大德和尚远涉沧波投此国，诚副朕意，喜慰无喻。朕造此东大寺，经十余年，欲立戒坛，传授戒律，自有此心，日夜不忘。今诸大德远来传戒，冥契朕心。自今以后，受戒传律，一任大和尚。"此后，又敕授鉴真、法进、思托、普照、延庆、昙静、法载、义静等"传灯大法师"位。

两个月后，鉴真便在东大寺卢舍那佛前立戒坛，圣武天皇登坛，以鉴真、普照、法进、思托等为师证授菩萨戒。接着又为皇后、皇太子、大臣等登坛授戒，还为440多名沙弥授戒。这是日本第一次以三师七证正规授戒，场面十分隆重。此后移天皇授戒坛土建造了正规的戒坛院。院内又依唐代扬州寺院模式，安置了全身甲胄的四大天王塑像。这是按佛教教义在日本建立的最早的"结界清净"之地。鉴真东渡日本，全力将盛唐高度发达的文化毫无保留地传至日本，为民造福，普度众生。

鉴真在扬州就是建筑大师，主持建造过80多所寺院，到达日本后主持建筑的戒坛院，经受了大地震考验，千百年来受到特别保护，现仍完好地保存在奈良。鉴真后来又主持建造了唐招提寺，现为日本国宝，并被列为世界文化遗产。鉴真的弟子主持建造的金堂，也被列为日本国宝。鉴真在长安、扬州主持塑造过无数佛像。他从扬州带去一批技艺高超的雕塑师、玉作人，到日本后在唐招提寺塑造了众多佛像，至今已成日本国宝的卢舍那大佛造像，是盛唐雕塑造像文化东传的杰出代表。还有保存至今的药师如来像、千手观音像以及帝释天像、四天王像，也展示了唐时扬州造像艺术的巨大成就。鉴真生前其弟子以扬州漆器工艺为他塑造的干漆夹纻像，亦被列为日本国宝。该像曾应请赴法国巴黎和中国北京、扬州展出过。1980年鉴真宝像在中日两国领导人的支持下回国"探亲",在扬州和北京展出了23天,中外观众达50多万;20世纪70年代鉴真祖庭扬州大明寺建造的鉴真纪念堂,就是我国著名古建筑学家梁思成仿照日本国宝——唐招提寺金堂设计建造的。1980年鉴真宝像回扬州探亲时就供奉在新建的纪念堂内。也就在这次回扬州探亲期间,扬州工艺大师用中国唐代传统干漆夹纻工艺临摹了鉴真像。

鉴真在日本整顿戒律,成效显著,"经鉴真授戒者方始为国家公认之僧尼",日本奉鉴真为律宗开山祖;鉴真精通医药,为万千百姓看过病,还应请为天皇看过病,"效果甚好";至今还有许多鉴真带去的验方在日本民间流传;其时,市面药店的药物,均经鉴真鉴定过,凡经鉴真鉴定、贴有鉴真像的方为灵药。民众称其为医药始祖。鉴真带去的王羲之、王献之等书法真迹50帖,至今还保存在奈良东大寺正仓院内。今日"唐招提寺"门额,就是孝谦女王所书,属于二王体。后来鉴真升任日本宗教首领大僧都,被奉为日本文化的大恩人。

普照和圆仁,与扬州结谊深厚的日本僧人

日本学者木宫泰彦统计,在近300年的唐代,入唐留有名号的僧人就有50多人,其中与扬州关系密切的是普照和圆仁。学问僧普照共八下扬州,唐天宝元年(742)他和荣睿一行七人从长安来到扬州,专程邀请鉴真东渡弘法,多次失败,但普照没有灰心,终于在12年后再来扬州,与遣唐使一道,将鉴真邀请到了日本。

在日本入唐求法的僧人中,圆仁与扬州的关系也是十分密切的。他在自己写的《入唐求法巡礼行记》中叙述了他与扬州的缘分。

他在《入唐求法巡礼行记》一书中，生动地记载了自己在扬州的所见所闻，有扬州社会风情、古寺名刹，并亲自参加了许多民间活动和宗教活动。他是唐开成三年（838）6月乘遣唐使船启航来中国的。他到了扬州海陵白湖镇时，看见河中水浅，有许多运盐船难以通航，便用水牛集队在岸上牵引，形成一道迷人的水乡风景线，令人啧啧称奇。

海上行程一个半月，四条遣唐使船终于到达扬州，大使拜访扬州都督李相公，一要申办赴长安手续，二要申请圆仁等僧人巡礼台州的公验，不得不在扬州等候。想不到一等就是几个月。这期间圆仁有机会拜访了扬州许多寺院。他在鉴真主持的龙兴寺，看到琉璃殿东有普贤回风之堂。说昔日有火，焚烧龙兴寺，烧到法华院时，鉴真弟子灵佑正在普贤堂内诵法华经。忽然一阵风吹灭其火，普贤堂无恙，时人便称之为"普贤回风之堂"，又于东塔院安置鉴真和尚素影，题"过海和尚素影"。又于堂内建过海和尚碑铭，记述鉴真和尚为佛法渡海之事，称"和尚过海遇恶风，初到蛇海，蛇长数丈余，又至黑海，海色如墨……"圆仁参拜龙兴寺后，大为感动，遂将此事记入《入唐求法巡礼行记》中。圆仁一行参加了一次扬州府的设斋活动及唐代佛事仪轨。他在《入唐求法巡礼行记》中详细叙述了设斋的仪式、邀请僧人的规则、僧人施舍多寡以及祈晴祈雨的风俗；书中还记述了僧俗同贺冬至节的习俗。日本判官藤原朝臣贞敏于开元寺设斋，出5贯6百钱作饭食，供养菩萨和僧人；圆仁自己也出50贯钱在扬州开元寺设斋。圆仁等人在扬州期间朝拜过许多寺院，他说"扬州有40余寺"。遣唐使和圆仁一行还在扬州过了一次春节，他在书中特别记述了唐朝扬州僧俗过年的风俗。除夕之夜的习俗他是这样写的："二十九日，暮际，道俗共烧纸钱。俗家后夜烧竹与爆，声道万岁……寺家后夜打钟，众僧参集食堂礼佛。礼佛之时，众皆下床，地上敷座具。礼佛了，还上床座。时有库司典座僧，在于众前……未及晓明，灯前吃粥，饭食了，便散其房。迟明，各自出房观礼，众僧相共礼谒，寺家设供，三日便休。"正月十五上灯，圆仁这样写其时僧俗风情："十五日夜，东西街中，人宅燃灯，与本国年尽晦夜不殊矣。寺里燃灯供佛，兼奠祭师影，俗人亦尔。当寺佛殿前，建灯楼，庭中及行廊侧皆燃油，其灯盏数不遑计知。街头男女不惮深夜入寺看事，供灯之前，随分舍钱。巡看已迄，更到余寺看礼舍钱。诸寺堂里并诸院，皆竞燃灯，有来赴者，必舍钱去。无量义寺设匙灯、竹灯，计此行灯，其匙竹之灯树，构作之貌如塔也。结络之样，极是精妙。其高七八尺许，并从此夜至十七日夜，三夜为期。"可见，《入唐求法巡礼行记》是一部研究扬州寺院和民间习俗文化的珍贵史料。

扬州，中国接受伊斯兰教最早的城市之一

唐代开放的扬州，海纳百川。隋唐时代扬州是我国的佛教艺术中心。扬州在热情接受日本、新罗等亚洲各国僧侣前来交流和学习宗教文化的同时，又派僧徒前往东亚和东南亚国家传播唐朝的宗教文化。与此同时，繁盛开放的扬州也接受其他宗教文化的传播。伊斯兰教是在唐代初期传入中国的。唐永徽二年（651）八月，阿拉伯帝国第三任哈里发奥斯曼首次遣使来华通好。就在同时，伊斯兰教传到了扬州。1980年，扬州唐子城遗址东郊外出土的一座唐墓中，有一件青灰色釉绿背水壶，一面为云气纹，一面是阿拉伯文。文字记载意思是"真主最伟大",经专家鉴定为唐代中期伊斯兰教文化遗物。这是唐代穆斯林在扬州活动的佐证。伊斯兰教在扬州得到更为广泛的传播,还是因为后来伊斯兰教创始人穆罕默德的十六世裔孙普哈丁。他在扬州建了礼拜寺,即俗称的回回堂,现为国家重点文保单位。此外,唐代还有波斯人定居扬州高邮菱塘乡,居民多是伊斯兰教徒。一千多年来,他们依旧保持着伊斯兰教的各种生活习俗。为落实我国的民族宗教政策,扬州郊区专门建立了波斯庄,村头有"波斯庄碑亭"的大石碑;有300多户信奉伊斯兰教的波斯后裔的菱塘,成立了江苏省唯一与伊斯兰教有关的民族乡——扬州高邮菱塘回族乡。

第3章 霞映两重城

第四节　城市空间结构与形态

唐代以前，统治者一般只允许有"市籍"的商人在其中从事商业经营，这使得城市的经济空间受到极大的限制。以唐朝政治中心都城长安为例，"长安城内除宫城外，有东西两个市，一百零八坊，每个市又大约占两个坊的位置，商业交易区是相当狭小的。这是中国封建社会内部商品经济发展还不充分的表现。坊和市，四周都有围墙和门，坊内都设有鼓楼，依太阳出落，按鼓声而启闭。从建筑形式来看，坊市之墙，实乃是城中之城，可以说是一种封建堡垒式的城市格局"。对于城市有限的经济空间的管理，唐朝政府颁布了中国封建城市制法的典籍《唐律疏议》，通过政治上层建筑法律形式，对于城市的交通、市容、治安等方面实行严格的规定，以政治稳定为第一要义。城市里普遍实行"宵禁"，每到傍晚时分，市民便纷纷回家。

扬州则在如此坚厚的政治意识形态中突出重围。自唐初武德九年，设立扬州大都督府，扬州城成为州一级地区的名称开始，政治因素对于城市空间的影响虽然始终存在，但并没有造成决定性影响。在城市发展规模上，不仅没有受到封建中央政府的过分限制，相反，唐代扬州城址范围始由蜀冈之上扩至蜀冈之下，出现了蜀冈上下两重城的格局，创下扬州历代城址范围之最。扬州城市的规模在当时仅次于都城长安和洛阳。"江淮之间，广陵大镇，富甲天下。""大凡今之推名镇为天下第一者，曰扬、益。"

"唐人著作中较早涉及扬州城区规模的是高彦休《唐阙史》："扬州，盛地也。每重城向夕，倡楼之上，常有绛纱灯万数，辉罗耀烈空中，九里三十步中，珠翠填咽，邈若仙境（据《太平广记》卷二七三引，今传本《唐阙史》无此条，当是佚脱。于邺《扬州梦记》中也有相同记载）。"

所谓"重城"，乃指子城与罗城。子城为官衙所在地，有城垣相围，所以亦称"牙城"，牙与"衙"字通。罗城为市民集居及工商活动区，亦称"大城"。《唐阙史》所谓"九里三十步"，当是指罗城中最繁盛的一条街道，而不是城垣的周长，唐人诗中则多称为十里，如张祜《纵游淮南》"十里长街市井连"，韦应物《广陵遇孟九云卿》"华馆十里连"，杜牧《赠别》"春风十里扬州路"等皆是，只有罗隐《江都》诗中称为九里"九里楼台牵翡翠"。十里虽非确数，但这却表现一个相当的长度。从《唐阙史》以及唐人诗中，不仅可以看出扬州的繁盛情况，且可看出唐代扬州城区规模是相当大的。但这不能作出较确切的判断。文宗开成三年（838），日本和尚圆仁来唐求佛法，路经扬州，其所著《入唐求法巡礼行记》中说："扬府南北十一里，东西七里，周四十里。"这是关于唐代扬州城垣周长的最早记载。北宋沈括曾在扬州任司理参军，哲宗元祐三年（1088）退居润州（江苏镇江），作有《梦溪笔谈》。他在《补笔谈》中说："扬州在唐时最为富盛，旧城（按：指唐城。对宋城而言，故曰旧城）南北十五里一百一十步，东西七里十三步（一作三十步），可记者有二十四桥：最西浊河茶园桥，次东大明桥（自注：今大明寺前）。入西水门有九曲桥（自注：今建隆寺前），次东正当帅牙（按：指淮南节度使府）南门,有下马桥,又东作坊桥,桥东河转向南,有洗马桥,次南桥(自注：见在今州城北门外)。又南阿师桥、周家桥(自注：今此处为城北门)、小市桥(自注：今存)、新桥、开明桥(自注：今存)、顾家桥、通泗桥(自注：今存)、太平桥(自注：今存)、利园(一作国)桥。出南水门,有万岁桥(自注：今存)、青园桥。自驿桥北河流东出,有参佐桥(自注：今开元寺前)。次东水门(自注：今有新桥,非古迹也)东出,有山光桥(自注：见在今山光寺前)。又自衙门下马桥直南有北三桥、中三桥、南三桥,号"九桥",不通船,不在二十四桥之数,皆在今州城西门之外。"(据胡道静校注本《梦溪笔谈》)

沈括是一位科学家,距离唐末只有一百多年,观其自注可知所记不是得自口头相传,也不是得自书面材料,而是从实际勘察中得来。扬州城区的规模与格局,可据以作出较为明确的判断。

沈括所记东西对径与圆仁所记相符,南北里数相差四里,沈记显系包括南水门以外的一段距离。这表明在开成以后,扬州城区在南水门外又有发展。两说一致确定扬州是南北长、东西短的长方形城市。城内有三条河：一为东西流向,经西水门入城,从东水门出城,当是邗沟故道；一为从帅衙前下马桥向南流；一为从作坊桥东转向南流,通南水门之外。东西流向的河桥,从最西的茶园桥算起至山光桥,共七座桥；而从作坊桥东转向南流的河道上有洗马桥至青园桥等十四座桥,占二十四桥的半数以上。这表明桥下是一条纵贯扬州城中的主要河道,当即官河,亦称漕河。晚唐诗人韦庄《过扬州》诗："二十四桥空寂寂,绿杨摧折旧官河。"(《全唐诗》卷六九七)可以证明二十四桥和官河有密切关系。

沿官河两岸,应即扬州的通衢大街。所谓"九里三十步",所谓"十里长街",乃指这条街中最繁华的一段,其中包括自驿桥向东至山光寺一段。

继沈括之后,南宋末年扬州人盛如梓,曾任明州推官,入元后著有《庶斋老学丛谈》说:"今之扬州,秦之广陵县,汉为广陵郡,扬州治所或在历阳(按:即今安徽和县,唐时为和州治所),或在寿春(今安徽寿县,唐时为寿州治所),或在建康(今江苏南京),广陵皆非所统。隋开皇初方改为扬州(按:隋开皇九年改吴州为扬州,并设总管府,治所在江都),其城即今宝祐城,周三十六里。"

文中所谓"宝祐城",系指南宋末年贾似道在扬州于唐牙城旧址上所筑之城,因建于宋理宗宝祐年间(1253—1258)故名。所谓"周三十六里",如单指宝祐城而言,断不致有这样大的规划,当包括罗城在内,与圆仁之说相近,与沈括之说相距较远。抗日战争期间,曾经来过扬州的日本学者安藤更生所著《鉴真大和尚传之研究》中有《唐宋时代扬州城之研究》一章,主要采取沈括之说,把罗城南界划在渡江桥略北一线,也就是把解放前扬州城南垣作为唐罗城的南限。

解放后,牙城经过南京博物院实地勘察,确定城周长6千米左右,与《汉书·地理志》、《后汉书·郡国志》所记"广陵城周十四里半"基本相符,因古尺较今尺为小。对于牙城,考古界的意见基本一致,所争的仅是单城、重城、三重城的问题,争议最烈的是罗城的范围问题,而罗城的南界所在,更是争论的焦点。一种意见以为罗城的方位是:西据蜀冈,北抱雷塘,南界保障河(即瘦西湖五亭桥下东西流向的河道),东临黄金坝,南北最大宽度为三华里弱，东西最大宽度为六华里四十余步，城垣周长二十四华里略多，是一个东西长、南北狭的城市，否定了圆仁、沈括唐城南北长度及盛如梓唐城周长的说法，从根本上否定了安藤更生之说。持此说者人数并不多，根据也不够充分，有时还曲解文物资料及文献记载，没有转述的必要。多数采取圆仁、沈括、安藤更生之说，认为唐代扬州是一个南北长、东西狭的城市，南界应在渡江桥略北一线。持此说者多结合近十多年来地下发现的文物资料加以论断，并为前两年在南通西路发现的唐城遗址所证实。

1973年至1974年，扬州市内汶河路一带陆续发现了精美的唐三彩器皿，还有湖南长沙窑瓷器，"罗城务官"城砖以及居住区的木桩、水缸等遗物，这说明此一带是唐时相当繁荣的商业区和居民区。1975年，在扬州西门外扬州师范学院和江苏农学院基建工程中，发现了唐城遗址。南京博物院、扬州博物馆、扬州师范学院等单位联合进行发掘考察，发现了大面积的手工业作坊及生产工具，并在12个探方坑1100平方米范围内，掘出瓷片15585片和完整及比较完整的瓷器250件，窑口可辨认的有长沙窑、景德镇窑、宜兴窑、越窑、寿州窑和一些较难辨认的北方窑，还有一些不知名窑所出的产品。陶片2261片，可辨认的形器有碗、钵、盆、罐、壶、缸等。1977年至1978年春，南京博物院在这个地区继续发掘，又出土大量瓷片及少量瓷器，而迄今扬州附近尚未发现烧窑遗址，这大量的瓷器、陶器只能是从各地，主要是江、淮地区集中而来，再转运各地作为商品流通，从而证明了这一地区在唐代是手工业作坊集中之地，也是商业繁盛之区。1978年2月，扬州石塔寺西侧人防工地距地面5米处，发现一座木结构桥梁遗址，河床为南北流向,西距江苏农学院内唐代手工业作坊遗址约200米,北距扬州师范学院内唐代文化遗址约600米。桥为东西向,全长34米,水面跨度30多米,残存桥桩33根,独木舟1只,系用楠木凿成。在桥址东侧桥墩旁发现一座唐代瓮棺葬。在河床东约300米处亦发现一座木桥遗址,东西向,河床南北流向,宽约30米,在桥桩两侧有两只残独木舟。在两道河床中出土有三彩马、三彩水壶、三彩人及瓶、炉残片,漆器数十件,另有"开元通宝"4枚,出土最多的是陶、瓷器残片和几十件完整器物,可以辨认的窑口有长沙铜官窑、寿州窑、宜兴窑、越窑等。这些器物大都是日常生活用品,中有少量陈设品和玩具。有人对这两条河道及出土文物进行研究,认为两河道都在唐代扬州城内,一条较大的河道其宽度足以通行大舟,应是城内漕运的主干线,目前所发现的残存部分,北距蜀冈仅六华里,很有可能就是贞元四年(788)杜亚在扬州所疏浚的官河。后因宝历二年(826)王播另开新河,取道门外,城内官河逐渐荒芜,乃至废弃,这条河道是被废弃的扬州城内旧官河的一段。至于第二条河道,比较窄,使用时间较长,其旁有木船出土,当时定可运输、交通来往,应是与主河道相通的一条支渠。这次发现的古河道与1975年所发掘的唐代手工业作坊遗址相距不远,出土的文物大部分和手工业作坊遗址发现的相同,根据这些文物,可以进一步确证这一带是唐代扬州城内繁华的商业、手工业区,它们傍水而建,依靠城内官河把大量精美的手工业品运往全国各地,有一部分可能是居民家中用品,经历战乱而沉埋河中。

1974年秋,扬州师范学院基建工地发现石雕佛像一座,其衣褶璎珞雕刻雄劲有力,同时出土的尚有莲花瓣和兽面纹瓦当、方砖等。1976年在同一地点又出土一件有"咸通十四年"纪年的八面石刻经幢，已断为两截，每面七行，每行字数不等，约在70字左右，共906字，同时还出土砖、瓦、莲花瓣瓦当等，其中有"罗城官"、"池州王"等铭文，并在其上层发现宋钱，可以确证此处为唐代一座寺庙遗址，宋代曾在其上建庙。1977年，南京博物院、扬州博物馆相继进行发掘，又获得大量文物。特别引人注意的是，1980年6月，在扬州师范学院人防工地距地面约6米处发现一方《大唐扬州惠照寺新修佛殿志》刻石残碑。发现地点北距1977年扬州博物馆试掘探方仅20米，距离发现"咸通十四年"纪年经幢处亦仅30米。残碑斜立于灰褐色土层间，下端已埋入生土层中。在残碑西侧还出土八角莲花座一件，瓜楞状座一件，圆形座二件，座面均浮雕八角图案，还发现经幢残件7件以及鸱尾、兽头、石臼等建筑构件和生活用具。在残碑之东距地面五米处，还发现石柱础和一方贞元十九年唐人墓志，石质方形，右上角残缺。残碑两面镌刻文字，正面共19行，正文第一行为："惠照寺在扬外城内当扬之理所午未"（下残），末署"开成元年九月十囗日"。开成为唐文宗年号，开成元年为公元836年。"理所"即治所，唐人避高宗李治名讳，称治为"理"，唐人文中习见。"午未"，表示方位，据旧晷表推算为南面偏西三十度。扬州州治在牙城上，对牙城而言，称罗城为"外城"。从残碑所述方位，结合实地考察，再联系1976年所发现的"罗城官"铭文莲花瓦当文物，则残碑出土之地即唐惠照寺遗址，而且是在唐代罗城之内，已无疑义。罗城南界远在保障河之南，多次得到证明。

1980年秋，扬州博物馆组成调查小组，对扬州唐城进行调查和搜集文物工作。牙城部分和前次南京博物院调查结果基本相同，罗城部分则有新的发现。在牙城西南角观音山至双桥一条南北线上，距大明寺约450米处，发现半圆形高地，南北长180米，半径100米左右，外有月牙河环绕，约50米宽，形状和牙城上瓮城相似，面积亦相当。在其南方约2500米处，也发现瓮城遗址，城内地势略高，东西宽120米，南北长250米，形势颇壮，城外月牙河遗迹大部分可见。瓮城内居民先后挖掘出许多古砖，其中有些刻有铭文，如"刘□罗城官砖"、"官"、"官罗城"、"和州扬"、"官作"、"洪州"、"饶州"等，尺寸、大小都极为接近，与以往发现的扬州唐代城砖规格相同。此处瓮城遗址，就方位说，在保障河之南、唐代手工业作坊和唐代惠照寺遗址之西，证之以惠照寺残碑所谓"惠照寺在扬外城内"的记载，认为安藤更生把罗城南界划到渡江桥略北东西一线应属可信（以上所录文物考古资料，主要采自南京博物院《集刊》，1981年第3期，并参阅《文博通讯》1981年第1期、第4期，1978年第7期有关文章）。

　　南通西路唐城遗址的发现，为解决罗城的南界问题，提供了坚实有力的根据。这处遗址位于明清扬州旧城南墙外缘，1984年8月25日被偶然发现。后经南京博物院、扬州博物馆、扬州唐城遗址文物保管所联合发掘，共揭露面积约2000平方米：就地层叠压关系而言，可分为八个地层，除去底部的生土层和上部的扰乱层，有北宋地层、南宋至元的地层、明代地层、清代地层等；就遗迹现象而言，有城门、土城垣、砖彻城垣、瓮城、马面、道路等。唐代文化层中发现的瓮城，凸出城门之外，呈扁方形，瓮城门道设立在瓮城南墙东端，门道宽5米，进深9.5米，门道路面为夯筑土路。瓮城城墙厚约10米，两面包砖，内加填土，每侧砖包墙厚达1米，由底而上收分砌成。墙体断面呈等腰梯形。砖上多有铭文，如"濠州"、"歙州"、"常州"等。砖砌墙时，先开沟漕，填黄黏土作地基，沟漕开口在晚唐地层内，经解剖墙体，填土内所见均为唐代遗物，其建筑时代为晚唐。

整个唐代，扬州筑城事见于文献记载的仅有两次，一为赵元一的《奉天录》，谓："时（按：指德宗建中四年）淮南节度使陈少游领卒戍于盱眙，闻难（按：指朱泚之乱），即日还广陵，深沟高垒，缮甲完守。"《太平广记》卷三六三"王翱"条引《乾子》亦记建中四年淮南节度使陈少游在扬州沿城构筑防御工事，与地下发现的瓮城遗址似不相关。另一次即《旧唐书》卷一八二《高骈传》所载：乾符六年（879）"骈至淮南，缮完城垒"。高骈原任润州刺史、镇海军节度、浙江西道观察等使，时黄巢、王仙芝军南陷湖南、浙西州郡，唐廷为防止农民军北进，乃调高骈为淮南节度使、兵马都统、盐铁转运使，欲以巩固江、淮。骈至扬州即大修城垒，骈时兼任盐铁转运使，有权令江、淮各州支持扬州，由砖上铭文可见，则地下所发现者当为高骈所筑扬州城垒遗址，唐代扬州罗城南界得此实物证据而可确定。由此推断唐代扬州城区规模和圆仁、沈括所说极为接近，即周遭在三十里以上，这在当时国内是少有的规模巨大的城市，唐代的繁盛由此可以得到更合理的解释。

李廷先

第 4 章 园林多是宅

海上丝绸之路，不仅成为中国丝绸贸易与缫丝技艺等多种商品、技艺、文化、思想等交流传播的直接路径，对古代中国与其他国家之间的政治、经济、外交、宗教等沟通与融合产生了深远影响，而且，一直以其古老、神秘、异域而丰富的历史文化信息吸引着全世界文化遗产关注者的目光。经过两千多年漫长而沧桑的历史变迁，海上丝绸之路这一具有世界价值的文化遗产至今仍以不同遗产形态留存于世界各地。其中，扬州作为海上丝绸之路重要的节点城市，也保有与留存了一些颇具代表性的物质文化遗存，虽然它们并不能全面地彰显海运鼎盛时期扬州城市发展和文化繁荣的全貌，但毕竟代表和承载了海上丝绸之路文化持续延伸的历史事实，是海运与扬州辉煌历史的直接见证。

扬州"海上丝绸之路"的相关遗存点包括海港设施、文化交流的产物两类，代表性遗产点包括仙鹤寺、普哈丁墓园、扬州城遗址、大明寺、崔致远纪念馆等5处。其中扬州城遗址属"海港设施"类，是扬州港口城市海上贸易繁荣与文化交流兴盛的保障；仙鹤寺、普哈丁墓园均属"关联产物——伊斯兰教交流产物"类，仙鹤寺融合了伊斯兰建筑和中国古代建筑的风格特点，普哈丁墓园是伊斯兰教传教者在扬州传教的实物见证；大明寺属"关联产物——佛教交流产物"类，是鉴真主持讲学并发愿东渡的寺院，与"鉴真东渡"这一佛教传播重大史实密切相关。

仙鹤寺门厅

第一节 仙鹤寺

遗产描述

仙鹤寺，位于市区南门街111号，因附近曾有"清白流芳"石牌坊，故又称清白流芳大寺。始建于南宋，德祐元年（1275）西域人补好丁（普哈丁）募款创建，与广州怀圣寺、泉州麒麟寺、杭州凤凰寺齐名。

建筑整体布局形体似仙鹤，寺门为鹤头，南北两井为鹤眼，寺门至大殿的甬道为鹤颈，大殿为鹤身，南北两厅为鹤翅，院中两棵柏树为鹤腿，大殿后临河的一片竹林为鹤尾。仙鹤寺是伊斯兰教制式与扬州地方建筑风格相融合的典型代表，呈现出内雄外秀、内伊外中的特点。

仙鹤寺门楼坐西朝东,低檐硬山顶,门楣上方有补间斗拱五朵,象鼻昂,五铺作,以枋木为斗座,为明人营造法式,下悬一块"礼拜寺"金字匾,门旁置抱鼓石一对。门楼南侧为小客座,门内院落南侧为水房,院南玉带墙横隔,墙上开月门,同嵌一块"仙鹤寺"石额。倚墙有宋代古银杏一株。甬道东侧墙壁嵌有"奉天遵圣"额(乾隆五十六年),西侧为垂花门,上嵌"止敬"横匾,门框"慎尔出语"、"敬尔威仪"对联。

礼拜殿坐西朝东,面阔五楹,进深七檩,分前后两殿。前殿为单檐硬山顶,前带卷棚,后殿为重檐歇山顶,即为窑殿所在,中间采用勾连搭式结构连接。前后殿之间的拱门上有一块"太司米"(意为奉至仁至善的安拉之名)横匾,中部后墙上为木质壁龛,阿拉伯语称"米哈拉布",上刻100个圆形描金阿拉伯文真主美

礼拜殿

木质壁"米哈拉布"

望月亭

第 4 章 园林多是宅

名,被尊称为"百字赞"。壁龛周围是四排描金的阿拉伯文经文,内容为"万物非主,唯有真主"、"天地宝座,真主掌握"等,刀法严整有序,布局疏密和谐。后殿的南北窑前各有小的院落。

大殿南侧山墙外一座望月亭,为明代所建。亭前院落内置花坛。院南有一座三间七架梁的楠木厅,亦为明代建筑,称为"老厅",又叫"诚信堂",是讲经、议事、接待重要客人的场所。老厅南面的院落有一口宋井,旁设花坛。

历史沿革

仙鹤寺,又名礼拜寺,始建于南宋,德祐元年(1275)西域人补好丁(普哈丁)游方至此,募款创建。据《嘉靖惟扬志》记载,明洪武二十三年(1390)哈三重建,嘉靖二年(1523)商人马重道与寺住持哈铭重修。清乾隆五十六年(1791)曾大修。20世纪40年代初,仙鹤寺部分房屋被居民占住,礼拜殿北侧的正心堂被改建,北井被填平。

新中国成立后仙鹤寺由幼幼小学使用,后交由扬州市清真民主管理委员会管理。1952年,寺后的汶河被填平筑路,竹林不存。1958年门前照壁被拆除。"文革"期间被市人委办公室接管,后明代杉木厅由市体委使用,大殿被搪瓷厂作为仓库,后为工人宿舍。

1981年,由扬州市民族宗教部门管理组开展整修工程。1982年竣工,由扬州市伊斯兰教协会管理。现为伊斯兰教活动场所。1995年经江苏省人民政府批准列为省级文物保护单位。

与海上丝绸之路相关价值

仙鹤寺,现为我国东南沿海伊斯兰教四大清真寺之一,与广州的怀圣寺（又名光塔寺）、泉州的麒麟寺、杭州的凤凰寺齐名，也是扬州市区伊斯兰教重要的活动场所之一，除正常星期五主麻日聚礼拜外，每逢伊斯兰教的三大寺日——开斋节（又称肉孜节）、古尔邦节（又称宰牲节）、圣纪节，穆斯林都要到寺内参加庆典活动。

明代何乔远著《闽书·卷七·方域志》载"（穆罕默德）有门徒大贤四人，唐武德中来朝，遂传教中国。一贤传教于广州，二贤传教于扬州，三贤、四贤传教于泉州。"二贤传教扬州的历史遗迹现已不存，而由普哈丁创建的仙鹤寺和后人为他建造的普哈丁墓园，是扬州伊斯兰文化现存最早最完整的遗存。普哈丁是穆罕默德的第十六世裔孙，宋咸淳年间经海上丝绸之路来扬州传教。他乐善好施、扶弱济贫，赢得了扬州穆斯林的拥戴，受到了当时地方官的礼遇和保护。在创建礼拜寺时，他以中国古人心目中的吉祥物"鹤"的身躯从嘴到尾来布局建筑物，仙鹤寺由此而得名。

仙鹤寺在平面布置以及建筑手法的处理上，除按照宗教上规定的要求外，更有许多灵活的地方特色存在。建筑占地面积不大，建筑物布置非对称式，使用小天井而非传统四合院式。庭园、大殿及外殿设置灵活紧密，又富于园林风趣。取银杏树前的鹤颈形弯道过垂花门入大殿院落的做法，为扬州传统庭园建筑中小中见大的手法。主体建筑礼拜堂穹隆式结构具有神秘的宗教色彩。仙鹤寺是伊斯兰教建筑与扬州地方建筑风格相融合的代表，体现出内雄外秀、内伊外中的特点。

第二节　普哈丁墓园

遗产描述

普哈丁墓园位于扬州市区解放桥南侧、古运河东岸的土岗上，俗称"巴巴窑"（巴巴是对有德望的穆斯林的尊称）占地15600平方米，由墓园、清真寺和园林区三部分组成，互以花墙相隔，又以石阶或门相连。

普哈丁墓园面对古运河西向依冈而筑，意为不忘西域故土。拱门上嵌"西域先贤普哈丁之墓"石额。河边筑石堤，门堂三间，

解放初的普哈丁墓园

普哈丁墓园

进门为石阶甬道。石阶两旁有浮雕石栏，上雕狮子戏球、鲤鱼跳龙门等图案。甬道直通墓园门厅，即入墓园中心院落，厅门上方嵌"天方矩矱"石额，意为"来自天方人的楷模"。厅南为三间坐西朝东的清真寺礼拜场所。殿南有水房，供穆斯林"大净"和"小净"。东墙嵌有《先贤历史记略》碑文，记述普哈丁在南宋咸淳年间来扬传教并建仙鹤寺的事迹。

普哈丁墓亭在中心院落北侧的北墓区为砖石结构，平面呈方形，四出拱门，亭内砖砌圆形穹顶，为典型阿拉伯风格的建筑"拱拜尔"，四外观呈传统四角攒尖顶，上复青色筒瓦，饰以紫红、黄、蓝色相间的瓷葫芦顶。普哈丁墓筑于墓亭中央地下，地面以上为青石筑成五级矩形层叠式墓塔，每层悬出的周边顶面雕有精美的牡丹花纹，正面浮雕缠枝草和如意纹。第三层墓塔石侧面阳刻阿拉伯文《古兰经》中章节。撒敢达、马哈谟德、展马陆丁、法纳

普哈丁墓亭

等阿拉伯人的墓亭建筑形式、结构和特征皆同于普哈丁墓亭，体量较小，建筑工艺稍有逊色；石墓塔的形状大体相同，尺寸和级数少于普哈丁墓，雕饰工艺也远不相及，墓区另有700多年和400多年的古银杏树各一株。

元代阿拉伯人墓碑碑亭在普哈丁墓亭西北侧，计有四通八面。平面呈长方形，其建筑形式与普哈丁墓亭相似，体量略小。墓碑置于墓亭中央的白矾石底座上，碑呈莲花瓣形，均以青石镌刻而成。周边和侧面都镌有各色图案花纹，正反两面均刻有碑文，以中文、阿拉伯文夹有波斯文刻成，记载了亡者的姓名、身份、死亡日期，并刻有《古兰经》、《穆罕默德言行录》等经文摘录及《格言》和《祷文》，还有出自名家之手、盛行于当时的西亚和北非的古代诗歌。四位分别为：捏古伯，徽州路（今安徽歙县）行政长官（达鲁花赤），碑文称他为"尊贵、勤奋、优秀的伊斯兰教育家"、"穆民的卓越领袖"，卒于元至大三年（1310）；瞻思丁·拉希夫拉·巴拉吉，伊斯兰教学者和传教士的首领，卒于元泰定元年（1324）；阿莱丁，优秀的宗教家、朝觐首领，卒于元大德六年（1302）；阿伊莎·哈通，女性慈善家，卒于元泰定元年（1324）。

南墓区为明清以来中国伊斯兰教的阿訇和虔诚穆斯林的墓葬，共计29座，其中包含清代民族英雄、回族将领左宝贵的衣冠冢。

阿拉伯人墓

望月亭

第 4 章 园林多是宅

墓区东侧建望月亭，位于清真寺中轴线，双层塔阁式，飞檐翘角，塔尖上饰月牙。亭为伊斯兰教经典建筑，是穆斯林入斋寻新月之处。

墓园东围墙开有一门，与园林区相接。园中绿树成林，环抱一泓池水，鸟鸣鱼戏，环境优美。

历史沿革

普哈丁墓园，俗称"巴巴窑"，又称"回回堂"。相传普哈丁为伊斯兰教创始人穆罕默德的第十六世裔孙，于南宋末年（1265—1275）在扬州传播伊斯兰教，并在城内营建礼拜寺（即今仙鹤寺）。普哈丁于德祐元年（1275）在扬州仙逝，教徒遵其遗嘱，葬于此。

普哈丁墓四周有撒敢达（1278年归真）、马哈谟德（1465年归真）、展马陆丁（1468年归真）、法纳（1469年归真）等阿拉伯人的墓葬，另有明、清两代中国穆斯林的墓葬，计29座。其中有明代弘治十四年（1501）故世的陕西西安府长安县客商王鉴墓，明代将军张忻墓，清代甲午战争在平壤阵亡的将领左宝贵衣冠墓。

明末清初，墓园遭劫，破坏较严重。清康熙十一年（1672），重建窑亭五生及四壁围墙；乾隆五十一年（1786）重修大殿三间、厅房五间；道光年间（1821—1850），湖水泛滥，石岸墙基均被冲毁。道光二十五年（1845）重修殿宇石工。咸丰三年（1853），寺毁于战火，事后募捐重修大殿、窑亭、"天方矩矱"门厅三间。同治七年（1868）建东讲经堂。光绪三年（1877）重修大殿、水房。光绪九年（1883）重建北讲经堂、北亭台一座。光绪二十六年（1900）重修围墙，换造石栏。光绪二十九年（1903）重修东讲经堂。

清代伊斯兰墓葬群

新中国成立后,该寺仍作为伊斯兰教的宗教活动场所和宗教圣地开放。1952年由政府拨款对残坏的部分墓亭和古建筑进行小规模的维修,60年代初施以油漆,1983年以来由各级政府先后拨款17万元对墓亭、礼拜殿、古建筑群及部分挡土墙按照古建筑修旧如旧的原则进行了彻底修缮,并油漆一新,还新建了元代阿拉伯人墓碑亭和双层六角望月亭。1987年8月,根据扬州市政府决定,园林部门将已改建公园的20多亩土地归还给普哈丁墓园。1992年,自筹资金对墓园的古建筑进行油漆。2001年6月,普哈丁墓园由国务院公布为第五批全国重点文物保护单位。2002年4月,正式对外开放。

其中四通阿拉伯人墓碑,于1927年拆除城南挡军楼时出土,先置于仙鹤寺内,1960年始移至墓园,1984年在普哈丁墓亭附近建碑亭安置。

与海上丝绸之路相关价值

两宋时期的扬州,在经历了唐末连绵不断的战火和南宋与金、元交战的摧残,其赖以繁荣的国内运输、贸易和手工业等市场已日益衰落,但由真州港北上汴京的通道仍需经过扬州运河,部分朝鲜人和阿拉伯人继续沿海上丝绸之路航行至扬州港口,而后沿运河进京或西行。其中,扬州地区以穆罕默德十六世后裔普哈丁的事迹最为显著。

阿拉伯伊斯兰教传教士普哈丁,又音译为补好丁、巴哈丁。据清光绪三十四年(1908)《先贤历史记略》记载:"普哈丁者,天方之贤士,负有德望者也。传为穆罕默德圣人十六世裔孙,宋咸淳间来扬州。其时维扬城东有龙王庙老僧华仙,素法术,颇有名誉,见先生欲一斗其伎俩,卒不胜,乃折服而退。未几,先贤亦归西域。越年,复东游之津沽,遂移舟南下,一夜即达广陵柳岸。舟子呼客起,不应。视之则已归顺矣。德祐元年七月二十三日。事为郡守公所闻,知为异人,乃建墓于兹土。"仙鹤寺即为普哈丁临终前募款修建,为我国东南沿海伊斯兰教四大清真寺之一,与广州的怀圣寺(又名光塔寺)、泉州的麒麟寺、杭州的凤凰寺齐名。自此,伊斯兰教在扬州深深扎下了根,又迎来了一个新的繁荣时期。

普哈丁墓园不仅是迄今所知有先知穆罕默德圣裔葬于中国的唯一地点,也成为研究中国伊斯兰教文化以及中国穆斯林和回族等的重要佐证,同时也是中国和阿拉伯、波斯人民传统友谊的历史见证。就建筑角度而言,墓园内四座墓亭的建筑,是波斯建筑风格同中国传统建筑风格相融合的典型实例。墓亭为四角亭屋的建筑，平面呈正方形，四面辟拱门，1.6米处开始发拱券，四角由1.1米处开始用砖逐层叠涩挑出，每层以锯齿形牙子上下交错，形成圆拱屋顶。陈从周教授在《扬州伊斯兰教建筑》中称此为叠涩菱角牙，阿拉伯语称"拱拜尔"。陈志华教授在《外国建筑史》中讲到，方形屋间上砌筑圆穹顶，并用叠涩挑出的手法，是从萨珊波斯王朝开始，是典型的波斯建筑风格。而墓亭穹顶上面加盖方形的筒瓦铺砌的屋顶，又是中国传统制式。方亭飞檐翘角的起翘，既不细长，也不平短，又是扬州建筑的传统风格。

第 4 章 园林多是宅

第三节 大明寺

遗产点总述

蜀冈位于扬州北郊,如卧龙般蜿蜒绵亘。千年古刹大明寺,雄踞于蜀冈中峰之上,占地面积128亩(1亩≈666.67平方米),建筑面积6900平方米,现存牌楼、天王殿(又称山门殿)、大雄宝殿、西园、平山堂、鉴真纪念堂等建筑和古迹。主体建筑呈中、东、西三轴线分布,殿阁巍峨,层层相接;古树排空,万绿深锁;红墙青瓦,巍峨古朴;林木葱茏,环境优雅。大明寺既是一座中外驰名的佛教庙宇,又是一方郊野园林,它承载了古代中外佛教

大明寺大门

思想的交流融合和佛教文化的历史演变过程，特别是唐代大明寺高僧鉴真东渡日本弘法作为当时重要的历史宗教事件，对后世影响颇为广泛；记录了中国封建帝国经济、政治、文化、艺术的发展历程，尤其为康乾时期扬州的商业繁荣盛况奠定了必要的历史基础；推动了寺庙园林、私家园林欣赏和审美受众突破原有帝王、士绅、盐商、文人等限制，逐渐走向平民化、世俗化的过程，有着很高的历史、艺术、科学价值。

它始建于南朝宋孝武帝大明元年（457），故称大明寺。后有"栖灵寺"、"法净寺"、"西寺"之称，距今已有1500多年的历史。唐代高僧鉴真，曾为该寺住持。南宋时，寺渐荒废。明天顺五年（1461）重建，万历、崇祯间又复建。清康熙年间因讳"大明"而改称栖灵寺，清咸丰年间毁于兵火，同治年间重建。1979年恢复大明寺旧称。

观赏特征

从寺院的平面布局看，牌楼、山门殿、大雄宝殿等主体建筑布置在一条南北中轴线上，并依山势，呈现出由低向高逐渐攀升的格局，与中国寺院建筑的传统布局相一致。空间利用灵活而赋予变化，各建筑之间既独立存在又相连续，且视线上不受干扰。其特征表现在：

1. 总体布局

大明寺主体建筑依山逐渐增高，错落有致、组合自然，总体布局以大雄宝殿为中心，两旁有"文章奥区"，与之相对称的是"仙人旧馆"，布局很好地借助了空间的组织与导向性，起到了引导与暗示的作用。主轴线以外的东西轴线：西轴线以欧阳修祠西侧

大明寺雪景

园门入西园,东轴线的碑亭以深深小巷入东园,体现出园林景观渗透有序、层次分明的效果,可谓小中见大,曲径通幽。东轴、西轴傍山寺中轴而立,东园西园分别体现了造园的"露"和"藏"的特色,总体布局以不规格的图形构成对称的院落,显得别具一格,烘托出一种浓厚的文化氛围。

2. 西园意境

西园,亦称"御苑",四周丘陵起伏、山路环绕、竹木苍翠、绿树成荫,手法上因势造景。它巧借"四周高、中间低"的锅形地势,东部平旷、西部深邃,以水为主,内有楠木厅、柏木厅、船厅、天下帝王泉、梅亭、康熙碑亭、乾隆碑亭,无论水体的处理、山体的形态、厅房的布局、叠石的安排,均注意因地制宜。同时,自然环境与建筑空间的交错处理也有步移景变的效果。其造园特色一是将水分上下二池:下池面积广阔,湖光倒影;上池狭小,势如山涧的写真。二是假山以石为主,分为上山和下山:下山气势博大,上山则曲折婀娜。山中叠有石屋,形式各异。既叠有洞谷,

西园局部

宛转曲折；又叠有悬崖，悬崖石柱。山南还叠有巨峰，状如拱云，横跨山涧、屋前、岩下、水池。绕山而行，生机盎然。三是碑亭、井亭、水上建筑、墓园等体现了较高的艺术性、文化性，西园巧妙体现了"藏建筑于茂盛的山林之中"的意境。

3. 植物造景

大明寺植物品种丰富，现有木本、草本、藤本等各

第五泉

类植物80余种。主要包含：黑松、雪松、罗汉松、马尾松、白皮松、圆柏、侧柏、猴掌柏等。现存古树名木64株，品种有：琼花、圆柏、榉树、三角枫、黄连木、朴树、红豆角、皂角、桂花、银杏、日本樱花、麻栎、喜树、龙柏、瓜子黄杨等。其中一级古树名木6株，

二级古树名木58株,还有药材园、茶园、湖内水生植物,素称"植物园"。

种植方法以点种和丛植相结合,乔木与灌木、草本与藤本、落叶与常青相结合。既可观花赏叶,亦可赏建筑风光,通过植物遮挡、显露、衬托等,丰富空间层次、加大景深,营造出不同程度的含蓄之意。

历史沿革

大明寺始建于南朝宋孝武帝大明四年(460),故名大明寺。隋仁寿元年(601),笃信佛教的隋朝开国皇帝杨坚,在其六十寿辰时,下诏在全国30个州内立30座塔,以供奉舍利(佛骨)。其中一座建立在大明寺内,塔高九层,称栖灵塔。大明寺亦因之一度改成栖灵寺。唐会昌三年(843)栖灵塔毁于火。会昌五年(845),武宗诏令毁全国大寺四千余所、中小寺院四万余所,佛教徒称之为"会昌法难",大明寺亦未能幸免。

宋庆历八年(1048),欧阳修任扬州太守,他在大明寺西侧建造了著名的平山堂,作为讲学游宴之所,极一时之盛,开启了大明寺除作为佛教礼拜场所之外的另一重要功能——文人集聚。明万历年间扬州知府吴秀重建大明寺。崇祯十二年(1639)盐漕御史杨仁愿再度兴建。雍正时汪应庚再建前殿、后楼、山门等。清康熙、乾隆二帝多次南巡扬州,大明寺不断增建,规模逐步宏大,遂成为扬州八大名刹之首。清廷因讳"大明"二字,曾沿旧称"栖灵寺"。寺西为西园,又称"御苑"、芳圃,初建于清雍正年间。乾隆元年(1736),扬州巨富光禄寺少卿汪应庚购地数十亩扩建芳圃。乾隆十六年(1751),乾隆首次来扬时,芳圃已初具规模。

乾隆三十年（1765）复改为法净寺。咸丰三年（1853），大明寺毁于战火。同治九年（1870）两淮盐运使方浚颐重建。民国二十三年（1934），邑人王茂如再修。

1944年，住持昌泉法师与程祯祥募资，由王靖和董理重修庙宇佛像。1947年，重修法净寺庙佛像告竣。1951年，在地方经济尚未得到大发展的情况下，依然抽调资金，修建法净寺。

1963年鉴真圆寂1200周年时，鉴真纪念堂奠基；该纪念堂由建筑大师梁思成主持设计，1973年基本建成。1979－1980年，为了迎接鉴真塑像来扬巡展，江苏省人民政府拨款对大明寺进行全面大修，修缮了寺庙建筑和神佛像以及鉴真纪念堂、平山堂、欧阳祠、平远楼等。同时整修了西园，增建了柏木厅、楠木厅，整修了寺前牌楼和磴道。此后又对重要石牌、石刻采取保护措施，加上玻璃罩。

1984年在寺东园内移建扬州城南福缘寺的藏经楼一座，建筑面积1200平方米。1989年对寺内全部建筑进行维护修缮、拾漏、油漆。1991年洪水过后，为防止西园水池四周土坡塌方，在水下修了碎石护坡，另增建了僧房500平方米。1995年在有关部门的支持下，大明寺僧人募集资金，建成栖灵塔。2011年9月，大明寺牌楼、天王殿、大雄宝殿修缮工程启动。

与海上丝绸之路相关价值

大明寺在历史上虽然经历多次维修、重建，但是牌楼、天王殿、大雄宝殿等主体建筑的布局始终未发生变化，一直处于中心轴线上，配殿分设两边，呈中、东、西三轴线分布，形成三合或四合院落，与中国传统院落形式一脉相承。建筑组群的这种格局受到中国传统儒、释、道阶级社会秩序理念和宗族正统观念的支配，同印度寺院以宝塔为中心的格调有着明显的不同，它是封建帝国"居中为正"、"长幼有序"、"内外有别"理念的独特见证。同时，这种排列有序的院落也可借助主体建筑造型不同、大小空间不同以及附属建筑不同，使佛教信徒能在建筑艺术变化的启发和感染下，有秩序、有层次地完成信仰的升华，达到前所未有的信仰高度。

大明寺建寺以来，特别是自唐代以降，受海上丝绸之路文化传播与交流的影响，经历了几度经济繁荣带来的文化昌盛，包括宗教的兴旺，一方面留下了一批历史长短不一的寺庙或遗存，另一方面为大明寺开放性的宗教、民俗氛围奠定了坚实的基础。大明寺香火炽盛、佛事兴旺，其中一个重要原因是它是鉴真东渡日本之前的弘法之地，在唐代直至明清的很长一段时间内，容纳和吸收了多种外来宗教文化，这种不同的宗教文化之间的相互碰撞、包容、影响，促使扬州地方佛教净土宗、天台宗、密宗、禅宗、律宗等多个宗教流派的出现和并立，体现了宗教文化的多元性。由于大明寺的带动，当时扬州大云寺作为鉴真剃度出家之所，白塔寺作为鉴真弟子法进所在的寺院，其僧人也通过赴日传播佛法、与日本遣唐使交流、随从鉴真和尚学佛等途径，开始弘扬中日交汇融合后的佛教文化，这些都对中国佛教理论研究的进一步挖掘、佛教文化传播沿海上丝绸之路的继续扩展以及中外佛教文化的交流的多样化、各地佛教文化的独特化等，都起到至关重要的作用。大明寺的佛教名刹的历史地位也因此得以延续，并引领了全国乃至亚洲佛教文化发展的新时代。中日之间在注重佛教文化交流的同时，盛唐时期鉴真率领的僧团也将高度发达的律学、建筑、雕塑、医药、文学、书法、饮食等文化传至日本，大大推动了日本文化视野的扩展和文化空间的放大。另外，大明寺作为民众文化活动空间的组成部分，是"俗文化"精神生活方式的一种外在表现。特别是每逢观音生辰、腊八等重大节庆之时，大批香客信徒和游人进行的大型群众集会活动，充分展现了大明寺在宗教朝拜、旅游观光等多方面的功能。这种"雅俗共赏"式的文化空间，具有鲜明的地域特征，既强调了普通大众出世、非功利的心理基调，又凸显了文人雅士积极入世、附庸风雅的社会气象。

大明寺的平山堂，作为宋代以来文人雅士的集会中心，承载着历代文人对平山堂创建者——欧阳修的崇敬，众多与欧阳修、平山堂有关的名篇绝句诞生于此。其中，宋代苏轼的《西江月·平山堂》最为著名："三过平山堂下，半生弹指生中。十年不见老仙翁，壁上龙蛇飞动。欲吊文章太守，仍歌杨柳春风。休言万事

平山堂

转头空,未转头时皆梦。"清末牛应之所辑《雨窗消意录》记载:"钱塘金寿门农客扬州,诸鹾商慕其名,竞相延致。一日,有某商宴客于平山堂,金首坐……"欧阳修、苏轼、金农等为首的文人雅士以平山堂为中心,构筑了传花饮酒、分韵赋诗的"雅文化"休闲方式,将历史风物和诗酒文化熔于一炉,这种群贤毕至、宾主共欢的雅集风习,可看作是中国古典式的文艺"沙龙",对扬州乃至全国的诗文之会影响深远,以至绵延到有清一代。

单体建筑

(1)牌楼:牌楼位于寺门南侧,四柱三楹,下有石础,斗拱托顶,仰如华盖,青瓦朱柱,翘角飞檐,局部彩绘,柱下有四块础石奠基,庄重而灵秀,轩昂而敦实。中门之上朝南篆书"栖灵遗址"四字,是为怀古栖灵塔、栖灵寺而建。又因曾归属大仪乡丰乐区,因此朝北有篆书"丰乐名区"。朝南、朝北的篆书皆为光绪年间盐运使姚煜手书,珠圆玉润,用笔流畅,秀美与刚健浑然一体。

牌楼辟于明朝,为火文津光禄所建。民国四年(1915),两淮都转盐运使姚煜重建,用上等香材建筑,牌楼下铺白玉石,牌楼前雄踞着石狮一对。石狮蹲身、直腰、口微张、牙咬合、前爪平伏、傲视前方,雄健而威猛。石狮原为清代乾隆年间扬州重宁寺遗物;1949年,重宁寺石狮先移至渡江桥,1961年,又将两只石狮移至大明寺牌楼前。

(2)天王殿(山门殿):大明寺山门殿与天王殿合而为一,共用一殿堂。

牌楼后,即是山门殿的正门。石额上镌刻着"大明寺"三个

牌楼

大字,古风流溢,是以赵朴初于隋朝《龙藏寺碑》碑帖中所集字而镌。山门两侧院墙上对称地各嵌一方字大如斗、笔力遒劲的五字楷书横碑。这些建筑物群被组合在一个三面陡坡、拔地凌空的有限空间里。东侧横碑上为清初书法家蒋衡所书秦观之句"淮东第一观"。西侧横碑上为清代雍、乾年间书法家王澍所书"天下第五泉"。

殿右的东园内,1987年移建扬州城南福缘寺的"藏经楼"一座。藏经楼二层五楹,九架梁,单檐硬山顶,镂空花脊。轩敞疏廊,楼前筑月台,围以石楼,两侧砌有石阶。

从藏经楼前行,在文章奥区有一楼,为平远楼。平远楼高三层,面阔三间,单檐歇山厅。楼下前置卷棚廊,二楼槛窗横陈,三楼正中悬"平远楼"匾额。在平远楼大院南隅有一株康熙年间大明寺住持道宏禅师手植的琼花,亦称聚八仙,已逾三百年之久。

（3）大雄宝殿：大雄宝殿是大明寺最主要的殿堂，位于大明寺中轴线上，体型雄伟，气势恢宏。

山门殿兼天王殿的北门后，是深1米、宽5米的扁形空间，空间北端有一道高约2米余的坡势，沿坡有15级石台阶。随地势而上，阶尽头即大雄宝殿前的主空间，长方形，南北长26米，东西宽22米，宽阔的空间为大雄宝殿做了铺垫和烘托。在殿前空地的最南端，高大的大雄宝殿巍然屹立。有甬道通向大殿，宝鼎一尊置甬道间。宝鼎为三足两层六角宝塔形，矗立在花岗岩雕制成的莲花座上。宝鼎正面镌刻"大明寺"，北面镌刻"万年宝鼎"，"公元1981年岁次辛酉秋住持能勤暨两序僧众立"字样。

大雄宝殿主体建筑坐北朝南，大三开间，总面阔19米，其中明间6.1米，次间各4.45米，边间各2米。总进深16米，廊檐宽3米。屋顶为三重檐歇山顶，灰瓦屋面，镂空花脊。屋脊高处嵌宝镜一面，迎风嵌砖刻"风调雨顺"四字，背面嵌"国泰民安"四字。此说出自佛家，意为大雄宝殿与天王殿诸神诸佛，肩负保护人间国泰民安、风调雨顺的重任。上檐、中檐、下檐四周设置斗拱，使屋檐出挑，成翘角飞檐。中檐下悬"大雄宝殿"横匾。前后附加硬山披廊，内檐配24扇门格，后沿墙正中设门以通后院。

（4）西园：西园也称"御苑"、芳圃，因位于平山堂西侧，故名。原塔院西廊井旧址。

西园初建于清雍正年间，后为迎接乾隆帝南巡陆续修建。清乾隆元年（1736）扬州巨富光禄寺少卿汪应庚购数十亩扩建芳圃。乾隆十六年，芳圃已初具规模。咸丰年间（1851—1861），毁于兵火。同治年间（1862—1874），两淮盐运使方俊颐重修，清末曾有修缮。

大雄宝殿

民国时期，建筑残破，花木凋零。解放后，1951年、1963年均有修缮。1979年大修，扩大园地13000余平方米，关闭平山堂前旧园门，在欧阳祠西侧另开一门，门如半亭，上嵌邓石如篆书"真赏"旧额。

西园依自然地势为宜，或高或低，错落有致。占地数十亩，四周冈阜起伏，层峦叠翠，开阔粗犷；中部凹陷若釜，一池清泓，碧波涟漪。建筑物依山傍水，因势嵌缀，或舫浮水面，亭悬山腰；或厅栖阜顶，榭临岸侧。加之鸣声逸兴，水动情丝，神韵流泻，令人襟怀爽畅。

（5）平山堂：平山堂位于大明寺西侧，初建于宋庆历八年（1048），为欧阳修等人议事之所，欧阳修时任扬州知州。咸丰年间毁于战火。现存建筑为同治九年（1870）方浚颐重建。民国

西园

四年（1915），盐运使姚煜重建。新中国成立后，1951年、1953年、1979年、1997年进行了大修。

平山堂面南而建，面阔五间，进深三间，单檐硬山顶带卷棚廊轩，堂前为平台，尽端有石栏槛，北有短廊与谷林堂相接。堂北檐下悬"远山来与此堂平"匾额，宽1.9米，高0.4米，为清光绪丙子（1876）秋林肇元题，咖啡色底，白色字。平山堂中楹上方悬"平山堂"三字匾，宽2.8米，高0.95米，黑色底，白色字，为清同治壬申（1872）孟夏之月定远方浚颐题，两侧悬联曰："晓起凭栏六代青山都到眼，晚来对酒二分明月正当头"，草绿色底，白色字，为朱公纯撰，庚申春日尉天池书。

平山堂是幽静所在，也是驰目骋怀的绝佳场所。堂前古藤错节，芭蕉肥美。行春台栏下为一深池，池内修竹千竿，绿荫苒苒，因风摇曳。凭栏远眺,"江南诸山,拱揖槛前,若可攀跻",含青吐翠,飞扑于眉睫似与堂平,"平山堂"之名即寓于此。栏外幽篁古木,随山势而下,一片郁郁葱葱。

平山堂以及相关的修禊活动给官绅盐商、文人雅士等社会精英提供了"物化"的环境和机会进行多种方式的活动和交流,进而出演他们的社会关系、文化意识形态以及特定时空中的政治窘境;见证了宋代以来扬州经济、社会、人文关系的发展演进,特别是康乾南巡时期扬州社会的真实境况;还为扬州居民和赞助者提供了机会宣扬独特而秀美的江南之地:这些具有部分休闲文化的"休闲地带"是时人团体出游、文人凭吊的现实载体,是城市繁荣和精英休闲文化发展的物质化身。

平山堂

鉴真纪念堂建筑群体

在大雄宝殿为主体的南北中轴线的偏东位置,是一个南北中轴线的建筑群体,它是以鉴真纪念堂正殿作为主体建筑的一个群体。设计精妙,构制完美,堪称近今建筑的精品。

鉴真纪念堂由门厅、碑亭、正殿、陈列室等部分组成。

鉴真纪念堂

门 厅

门厅1963年由"四松草堂"改建而成,面南三楹,单檐歇山,前后两进,均为六架梁房屋,卷棚屋架,镂空花脊。中开古式大门,抱鼓石一对分置两侧。天井四隅旧植四松,高出檐际,故称"四松草堂"。门厅正门门楣上悬挂篆书"鉴真纪念堂"匾额,出自扬州书法名家桑榆之手,黑底衬石绿色字,肃穆而庄重,十分醒目。后进东墙壁上嵌有"鉴真大师像回国巡展纪念碑"一方,碑上分别刻有日本唐招提寺森木孝顺长老与中国佛教协会赵朴初会长于1980年4月25日合题的碑文。

碑 亭

碑亭位于门厅后数米的台阶尽处,采取面阔三间、进深两间的平布置，顶部为歇山顶造型。碑亭进深的北面一间与左右步廊相对，南面一间突出到院门以内丁字形小院的横向的部分之间。

亭中矗立着一方仿唐朝风格的汉白玉卧碑，高 1.25 米，宽 3 米，下设莲花须弥座。碑的正面横刻郭沫若手书"唐鉴真大和尚纪念碑"9 个大字，书法古拙遒劲，笔力千钧。背面镌刻赵朴初于 1963 年为纪念鉴真大和尚圆寂 1200 周年撰写的长篇竖写碑文，通篇酣畅，字断意连，前后呼应；谋篇布局，于严谨中时露飘逸。碑身下须弥座模拟唐代风格，镌刻特有的卷叶草与花朵结合的图案。

碑亭东侧阶下立石碑一方，为赵朴初《调寄梦扬州》诗碑。碑亭东西歇山下各自延伸约 40 米的回廊与正殿衔接，成环抱之势。

正　殿

正殿为鉴真纪念堂主体建筑，它的周边由碑亭和回廊相衬，定格为一方正的院落，总占地面积为 2540 平方米。殿前庭院中，有长明石灯笼一幢，是 1980 年日本唐招提寺八十一世长老森本孝顺所赠。

正殿式样完全仿照日本奈良唐招提寺金堂，但因条件所限，将面阔七间、进深四间的金堂，缩减为面阔五间，进深三间。

正殿建于石台基上，面积

鉴真像

537平方米，高度5.24米。南面三门，单檐庑殿屋面，屋顶正脊东西两端饰有鸱尾。屋面坡度为1∶2，较为平缓，莲花纹瓦当，出檐深3.3米，桩头有斗拱三重，所有窗户均采用唐代直棂窗制式。柱梁、枋、斗拱等部分即用木材本色，或作紫檀木色，配以白垩墙壁。正殿左右无毗邻的廊屋。为创造一种唐代佛寺的气氛，结合扬州当地寺院风格，在正殿与碑亭间以抄手回廊连接。

殿内藻井彩绘莲花图案。正中须弥座上供奉鉴真坐像。鉴真坐像前供案上置有日本裕仁天皇所赠铜制香炉。两壁悬挂四幅大型绢本画，绘有鉴真生前主要活动地：陕西西安大雁塔、广东肇庆七星岩、日本秋妻屋浦和奈良唐招提寺金堂。

陈列室

陈列室在鉴真纪念堂的最南端。1963年是唐代律学高僧、日本律宗创始人鉴真和尚圆寂1200周年。为了纪念鉴真，国务院决定在大明寺建"鉴真纪念堂"。当年4月，临时将大明寺晴空阁改作"鉴真纪念堂"，堂内供奉木雕鉴真大和尚坐像。该坐像由中央美术学院的木刻家于1963年用故宫博物馆珍藏的一段整楠木雕刻而成。盲僧跏趺闭目，神态凝重，雕工精湛，连木质纹理和人像肤纹的顺逆都很清晰，刻划出鉴真和尚坚毅果敢的精神和博大精深的风韵。

此后，鉴真纪念堂新的建筑群体建成，撤晴空阁纪念堂，将鉴真木雕像供奉于新纪念堂内。1984年4月，鉴真干漆夹纻坐像复制成功后，将木雕像移置平远楼供奉，晴空阁改作陈列室。

晴空阁初建于清康熙十四年（1675），由知府金长真与舍人汪懋麟同建。晴空阁原址在平山堂后，本名"真赏楼"，取欧阳修"遥知为我留真赏"句意，咸丰年间毁於兵燹。今之晴空阁建於平远楼北，大雄宝殿东侧，为同治年间盐运使方浚颐重建。

阁面北三楹，单檐歇山，漏空花脊，前有廊庑，后加抱厦，中堂置松鼠葡萄纹饰楠木落地罩格。

阁内悬日本著名画家东山魁夷绘制的鉴真和尚坐像、鉴真东渡路线图，两旁悬赵朴初联："鼓螺蜀冈，羹墙南岳；风月长屋，花雨奈良。"室内陈列描绘鉴真东渡日本的史迹图片，及日本友人送的礼品。

阁外有穿廊，西廊檐下悬木鱼、云板，北行尽头为鉴真纪念堂门厅。

第4章 园林多是宅

第四节 扬州城遗址

遗产描述

隋代南北大运河的全线贯通掀开了扬州在中国历史上新的辉煌一页。汹涌澎湃的广陵潮激荡到8世纪中叶,扬州已成为唐朝第三大城市和富甲天下的东南第一都会。此时,西域的连绵战火阻断丝路的驼队,陆上丝绸之路骤然衰落,海上丝路成为我国对外交往的主要通道。扬州依托它优越的地理位置和在大唐经济版图中的独一无二分量,成为海上丝路的重要起点城市和东方著名港口。

扬州在海上丝绸之路中的重要地位是由其"淮南江北海西头"的地理位置决定的。中古初期扬州地处长江入海口北侧,天然地具有对外交通的优势。"吴城邗,沟通江淮"后,扬州同时兼得河运、江运、海运之便。

隋代开凿大运河后,扬州城市辐射范围进一步向中原内陆延伸,在全国水陆交通枢纽地位得以确立。唐代全国经济中心南移后,扬州临海、濒江、通运的地理优势更为突出,"八方称辐辏,五达如砥平"。其时东西方交通贸易借重海上丝路,扬州作为亚洲大陆沿海最繁华的商业都市,成为唐朝吞吐四海,沟通宇内的主要窗口,不但是对日本、朝鲜来往的主要始发港,南下西去还可抵昆仑、占婆、天竺、大食、波斯等国。

9世纪中叶,阿拉伯地理学家伊本·考尔大贝所著《道程及郡国志》一书中,将扬州与交州、广州、杭州三州并列为东方四大港口。可见唐时扬州已成为海上丝绸之路的著名港埠而声名远播。

"安史之乱"以后,"广陵当南北大冲,百货所集",是漕运和南北物资集散中心,是联系南方诸道与北方政治中心的经济枢纽。行政上,唐朝在扬州设都督府或大都督府。扬州曾是淮南道采访使和淮南节度使、江淮转运使、诸道盐铁转运使的治所,领淮南、江北诸州。扬州都督府长史、淮南节度使"来罢宰相,去登宰相",负责处理东南地区重大政治、经济、外交事务。在这样的历史条件下,8世纪中期扬州对内对外商业经济地位已跃居全国首位。

当时扬州是全国造船基地,设有造船工场,能造各种江船、海船。唐代宗大历年间,转运使刘晏"于扬子置十场造船,每船给钱千缗",共造2000余艘船,每艘船可载重1000石。民间造船也很发达,大历贞元年间扬州富商俞大娘所造船只载粮万石,

长沙窑青黄釉褐蓝彩绘瓷双系罐

长沙窑青黄釉执壶

第 4 章 园林多是宅

119

操驾之工数百,"居者养生、送死、婚嫁,悉在其间"。

唐朝扬州城内商贾如织,聚集了很多的"商胡"。他们来自新罗、高丽、日本、波斯、大食、婆罗门、昆仑等国,长期居住经商者达数千人。上元元年(760),刘展叛乱,"(田)神功至扬州,大掠居人资产,鞭笞发掘略尽,商胡大食、波斯等商旅死者数千人",说明胡商在扬州人数之多。

扬州港上也是漕船云集,蕃舶往来。不仅当时的许多作品里都对之作了艺术性的描绘,如:卢纶《泊扬子江岸》:"山映南徐暮,千帆入古津";李绅《宿扬州》:"夜桥灯火连星汉,水郭帆樯近斗牛";史书上也有记录,《旧唐书·玄宗纪下》载:天宝十载,"秋八月乙卯,广陵郡大风,潮水覆船数千艘"。

从唐代开始,瓷器逐渐成为中国对外输出的大宗货物。海上丝路由于陶瓷贸易的加入,形成了"海上陶瓷之路"。中外商舶运来了大量的香料、药材和珠宝,又运出丝绸、金银器、铜镜、漆器、陶瓷等产品,尤其是陶瓷贸易不但量大,而且品种多样,产地多源,几乎全国主要窑口的陶瓷在扬州都有发现,扬州是当时中国最大的陶瓷贸易外销口岸。

20世纪70年代中期以来,扬州唐城考古出土了大批陶瓷器和碎片,几乎包括了当时中国南北各地主要窑口的产品。专供外销的长沙窑产品在国内除明州成批出土过以外,其余各地都是零星出土,而扬州发现的长沙窑瓷片在出土瓷片总量中占有很大的比例,出土数量仅次于产地。

扬州出土的9—10世纪的陶瓷贸易品类与南亚、西亚、东非、北非国家同时期一些著名城市和港口,如埃及福斯塔特、伊朗席

历代扬州城遗址航拍图

拉夫、伊拉克萨马拉、巴基斯坦班波尔、斯里兰卡阿努拉达普拉等遗址出土的中国外销陶瓷标本的类别非常近似或完全一致,这一现象足以证明扬州港是当时中国陶瓷外贸的主要港口,其地位应在广州、明州诸港之上。这些地方迄今发现的外销陶瓷及其标本的数量、品种和质量皆远不如扬州。

宋、元时期,长江入海口东移,但由于扬州的历史影响和临江通运的位置不变，仍然"在对外往来中起着纽带作用"。此时来华外商大都由泉州或福州港登陆，再经由杭州沿着京杭大运河，从扬州中转北上京都。传教僧侣往来于中日之间，扬州还是重要的出入境港口。

南宋时泉州港后来居上，但值得注意的是从扬州出土的宋元陶瓷标本仍然包括了当时南北主要窑口的产品，数量巨大、品种齐全，外销特征明显。如此丰富的陶瓷品批量出土，在全国也是绝无仅有的，这就提醒我们扬州作为海上丝路陶瓷商品主要中转站和集散地，其作用在10世纪以后依然可观。

1998年在印尼海底发现的"黑石号"沉船，其年代要比2007年打捞的"南海一号"早约300年。从船上打捞出6万余件中国陶瓷器，主要是烧制于9世纪上半叶的湖南长沙窑、浙江越窑、河北邢窑、河南巩县窑和广东等地窑口，同类瓷器在扬州都有出土。在"黑石号"上还发现了30多件铜镜，有些上面还刻有"唐乾元元年戊戌十一月廿九日于扬州扬子江心百炼造成"的铭文。从船上陶瓷的器类组合，并结合当时的航运路线分析，学者们普遍认为"黑石号"沉船是从扬州解缆起锚，目的地可能是伊朗的席拉夫。

扬州城遗址·南门遗址

南门遗址位于扬州市南通西路与南门外街交汇处，建筑遗址内容十分丰富，具有较为完整的唐宋时期的瓮城遗迹。这些遗迹现象地层叠压关系清楚，时代特征明显，唐、宋、元、明、清各个历史时期，历经1200余年，是扬州古代城门发展历史的一个缩影。其历史沿革之长在中国古城门遗址中也实属罕见。

唐代南门瓮城明确的有两期。第Ⅰ期瓮城内平面形状近方形，

南门遗址

东西面阔约13.3米、南北进深约11.8米；夯土墙厚度5.2～5.7米，外有包砖，包砖墙厚0.60～0.75米，瓮城外拐角为圆弧形。本期瓮城的西墙和南墙被唐代第Ⅱ期瓮城包砖墙包在墙内，门道和瓮城东墙可能在唐代第Ⅱ期南门修建时被破坏。第Ⅱ期南门和瓮城是整个南门遗址中保存最为完好的一期，主城墙南缘包砖墙、瓮城墙及其内外包砖墙等的基础部分均保存较好。瓮城内平面形状略呈西宽东窄、北宽南窄的扁方形，东西面阔北部33.3米、南部32.6米，南北进深西部11.8米、东部10.5米；瓮城外形近似"凸"字，瓮城东墙、西墙的南端分别凸出东墙以东、南墙以南和西墙以西、南墙以南1米多，且基本对称。包砖墙厚约1米，均有收分，包砖墙连接方法有搭接和咬合两种；用砖规格统一，黄黏土黏合，"宣州"、"洪州"等铭文砖较多。夯土墙一般厚6.7～6.9米，拐角处厚7.8～8.2米。此期的瓮城内主城墙南缘中间部分、瓮城门道部分分别被北宋—明清的主城门和瓮城门道叠压，但在后期主门道左右两边发现有属于本期的、门枢中心间距均为2.35米的门砧石各一对。另外，瓮城西墙以西1米多向西还揭露出了与城墙相连的水门以东的包砖墙，包砖墙厚度、用砖规格等与瓮城城墙相同。

五代到北宋初期继续沿用并修缮了唐代南门，五代时局部修缮了南门，所用城砖规格较晚唐城砖大，尤其是有"迎銮"铭文的大砖可以确定是五代杨吴时期所烧造的。

北宋前期，瓮城外墙基本沿用唐代瓮城外墙，但在唐代水门东边的包砖墙以南再次修筑了与前期形制相同的包砖墙，并将原来的唐代遗迹包在了夯土之内，包砖墙厚约0.6米。

北宋晚期，唐代第Ⅱ期瓮城西墙外侧包砖墙倒塌，以唐代第Ⅰ期瓮城西墙外侧包砖墙为基础，重新修砌了瓮城西墙和南墙的外包砖墙，瓮城外包砖墙为直线状，故外拐角改为方角；包砖墙厚0.8～1米，用砖多为残砖；瓮城内则堆砌抬高地面，重新修建了主城门，从露道宽度和西侧门砧石凸出门道西壁的宽度推测，此期主门道宽在5～5.7米之间。露道均用楔形砖铺成，宽度不统一，出主城门露道和瓮城门露道中间的露道部分为弧形，主门道处露道宽约5米，转弯处露道最宽达6米，瓮城门道内露道最窄，瓮城门道门砧石中心间距4.08米。

两宋之交时又对南门进行了修缮，前期的瓮城南墙外侧包砖墙局部向南倾斜，故而先用侧立石条撑住，再在石条以南夯筑做出基础，然后在基础之上、前期包砖墙以南再包上宽度约为一砖长的包边砖。其后的又一期瓮城南墙包砖墙,是用长41～42厘米、宽19.5厘米、厚8.5厘米的大砖再次在瓮城南墙南部外包,并向西加厚了瓮城西墙。

明代又进行了一次较大规模的修葺,主要是加厚了瓮城南墙,抬高了地面,并重修了主门道和瓮城门道及瓮城内外的露道和铺砖面等等,揭露出来的主门道和瓮城南墙内侧局部残存的包砖墙均用石灰膏作黏合剂。

最后一期是清代的南门,清代再次修城,但因近现代破坏严重,目前仅残存主门道处的道路和门槛石及东侧门砧石等。清代道路出主城门后为东北—西南走向,表明瓮城门位置与前代不同。

扬州城遗址·东门遗址

东门遗址位于扬州市区的东关街与新古一巷交汇口处。通过考古发掘所揭示的遗迹叠压关系来看,该城门始建于唐代,经历

东门遗址

了唐、五代、北宋、南宋和元代，到了明清时期，城门虽然东移到今泰州路上，但城门位置还在一条东西中轴线上。现揭示的城门遗迹为南宋时期，主要由主城门、城墙、瓮城、城濠等组成。

唐代主城墙被叠压在五代和两宋时期的门址之下，城墙外侧有厚约0.9米的包砖。五代时期的城墙较之唐代向东移了约2米，城墙包砖延伸到了宋代城墙包砖之下。北宋城墙外侧包砖在五代城墙外包砖的基础上又向内收缩了约1.2米。南宋时期主城墙在北宋城墙的基础上向东加宽了约80厘米。包砖采用"露齿龈"做法砌砖之间用加糯米汁的石灰膏黏合。

北宋时期的主门道仅揭露出来了东部，东西长6.45米、外口宽5.07米。门道两侧为砖砌边壁，叠压在五代时期的砌砖之上。主门道内的2块方形门砧石南北对应，上有边长28厘米的方孔，门砧石内宽6.07米。

南宋时期对东门进行了改建和扩建，其城门结构布局为一门一洞，主城门门道也在北宋城门的基础上向内收缩，形成了宽4.1米的主城门。揭露出来的南宋主城门东部东西约7.2米，门道两侧边壁为砖砌直立壁面，与城墙外侧包砖不同。

城外设有瓮城、城濠和吊桥。瓮城的出城门道开设在瓮城南侧中部，出城后的道路走向是沿着瓮城向东、转北再折东，经吊桥出城。出城道路和吊桥的基础现均保存较好。

瓮城位于主城门东侧，南墙上辟有一便门。瓮城内略呈梯形，南北进深28.3米、东部东西面阔31.5米、西部东西面阔33.75米。瓮城城墙均由夯土夯筑而成，仅基础部分保存较好。城墙均内外两面包砖，包砖大多无存，但基槽清晰。瓮城内地面铺砖为平砖错缝顺铺，铺砖之间不见有黏合剂。瓮城内地面东北部最高，东北角与排水沟的最大高差达60厘米，当是为了便于瓮城内积水经由南便门边的排水沟流出城外。

瓮城外为一东西23米、南北约60米的平台，平台高于东侧的城濠约5.4米，形成一个临城濠的台地。台地上有出城露道、便道等，台地地面分为铺砖地面和素土地面。在台地的西北边，沿城濠边部分再用垒砖护岸。台地西、南、北面为城濠，东临大运河，台地被城濠和运河环绕，成为水中环岛。

瓮城台地东侧的城濠，只发掘清理了瓮城中轴线附近的部分。清理出来的城濠部分，平面呈亚腰形，在和主城门东西大致对应的部位，城濠收缩至最窄，形成南北长5.3米、东西宽约4米的狭窄空间。在瓮城台地和城濠东侧的东台地的外边，都设有防止水流冲刷的砌砖护岸，护岸的砌砖分为中间的直立壁面和南北两侧的斜坡壁面。直立壁面平面为"〕〔"形，位于瓮城中线附近，西侧保存最长为7.23米、东侧保存最长为7.07米。砌砖严整，拐角处用砖为专门加工而成的异型砖。在砌砖之下，发现有3层砌石基础。护岸的斜坡壁面部分呈平直的弧状，城濠南北两端与东侧的古运河连通，由河入江，可直通大海。

2006年，扬州市政府建设东门遗址公园；2009年参照宋代《营造法式》的做法，复建宋大城东门的局部城墙和门楼，门道原址保护展示。

扬州城遗址·西门遗址

西门遗址位于扬州市四望亭路，城门始建于五代后周，历经北宋、南宋，一直沿用到清代。其中北宋时期的西门，为中国目

西门遗址

前发现最早的砖砌券顶式城门。门址根据使用年代可分为四期。

五代时期的门址由城墙、马面、城门和道路组成。平面布局呈"凹"字形。城墙墙基宽15米，残高0.3～2.8米，墙体夯筑，两侧包砖。两座马面位于城门南北两侧，与城墙连为一体，间距32.2米。北侧马面南北长15.8米、东西宽9.6米；南侧马面南北长15.4米、东西宽9.3米。马面的营造方式与城墙相同。城门为单门道结构，长15米、宽5.7米。

北宋时期的门址可分为早晚两期。

早期城门基本沿用五代时期的门址。城门地面在五代门址基础上垫高0.6～0.7米。城门壁墙基下铺垫土衬石。门洞北壁保存较好，残长6.6米、残高1.2米、厚1米，两壁用砖错缝平砌，厚度达1米，可推知城门结构为砖砌券顶式。门道地面用侧立砖错缝横铺，路中心铺有宽0.3～0.6米、长0.7～1米、厚0.1米的竖条石。城门西口有宽0.14米、厚0.1米的门槛石。出西门有一条西北斜行的砖铺露道，东隔门槛与西门道相连，西通护城壕。露道宽7米，中心为宽0.3米、厚0.1米的石条，石条两侧对称铺设有砖砌路面、排水沟和砖铺便道。

晚期城门与早期相比，门址没有变化，而是在西门外，借助南北两个马面围筑一道瓮城，即瓮城南北墙内侧与马面内墙取直，向西围筑而成。整个瓮城平面呈"凸"字形，外侧南北长49.8米、东西宽23米，内侧南北长32.2米、东西宽12.6米。瓮城南墙厚7.5米、北墙厚9.4米、西墙厚10米，墙体夯筑，内外皆包砖。瓮城门辟在西南隅，门道长10米、宽4.7米，中间铺砌有宽0.4米的石条，两侧路面用砖侧立横铺。门道中部的南侧洞壁下有一门砧石，上有门限和门臼凹槽。由瓮城门至西门的露道被压在南宋瓮城内的砖铺路面以下。在瓮城南壁下发现一段宽约2米的排水沟。

南宋时期，对城门、城墙、瓮城均进行了较大的改造。

西城墙内侧，向东加厚1.5米，城墙厚度由15米变为16.5米，城门道也随之加长。西城门南北两壁也分别加厚1米，门道宽度由5.7米变为3.7米，加厚洞壁的两端不与原城门口取齐，而是内收0.2米，前端置圆角石。瓮城墙体经过两次加固，加固后的瓮城内空间面积由原来的南北长32.2米、东西宽13米缩小到南北长25.4米、东西宽11.7米。瓮城门随着西墙的加厚，门道长度由原来的10米增至18.3米，宽度由原来的4.7米缩至3.1～3.8米。

改造后的瓮城门呈东宽西窄的喇叭口形。瓮城内的地面,在北宋路面的基础上垫高 0.4 米。由西城门至瓮城门之间有露道相连,露道宽 3.3 米,中心用侧立砖对齐横铺一纵排,两侧用砖砌出单道线,形成宽 0.4 米的露道中心线。中心线两侧对称错缝横铺路面。露道两侧设有排水沟,宽 0.3 米、深 0.05 米,沟底用砖平铺,外侧沟边用平砖斜铺。

宋大城西门外即为护城壕,城壕水系往南、北均可与古运河相通,船队可由运河入海直下西洋。

扬州城遗址·北门水门遗址

北门水门遗址位于扬州城区漕河路和凤凰桥街的交汇处。北门始建于五代时期,一直沿用到元末,北宋时期加筑了瓮城,南宋时期扩建加固了瓮城并重修了水门。北门遗址由陆门遗址、水门遗址组成,包括主城墙和主城门、瓮城和便门、露道、水门边壁和驳岸、河道基础设施等遗迹。

水门主体由东西石壁组成,石壁外侧为主城墙,墙体由黄褐色土夯筑而成,破坏严重,残高约 2 米。水门两侧石壁各宽约 2.4 米,用加工过的石条错缝垒砌,排列整齐。石壁上部砌砖,自上而下有一定的收分,两壁相距 7.1 米,即为水门门洞的宽度。

北门遗址是扬州宋大城四座城门中唯一发现有水陆并行设施的城门,北门水门北与漕河相连,向东可直通大运河。

历史沿革

扬州城建城史最早可追溯至距今约 2500 年,公元前 486 年吴王夫差筑的邗城,城址在蜀冈上。《左传·哀公九年》载"秋,吴城邗,沟通江淮",是见诸史籍最早的扬州建城记载。春秋时期的吴王夫差在此筑城，并开挖邗沟，将长江与淮河沟通。北魏地理学家郦道元在《水经注》里记载："昔吴将伐齐，北霸中国，自广陵城东南筑邗城，城下掘深江，谓之邗江，亦曰邗溟沟，自江东北通射阳湖。"

战国时期，楚国灭吴，公元前319年楚怀王筑广陵城，《史记·六国年表》记载楚怀王十年"城广陵"，其位置亦在蜀冈之上。

西汉初年，汉高祖刘邦分封侄子刘濞到广陵当吴王，以广陵为都城。重建后的广陵城城周长十四里半。《后汉书·郡国三》记载："广陵，吴王濞所都，城周十四里半。"《水经注》载："广陵城楚汉间为东阳郡，高祖六年为荆国，十一年为吴城，即为吴王濞所筑。"城址在今蜀冈西部。

三国时代，广陵郡处在吴魏两国争战地，广陵城郭遭毁，吴王孙亮于五凤二年（255）派卫尉冯朝修广陵城。

六朝时代，广陵郡先后属东吴、东晋、宋、齐、梁、陈的领地，并成为江南六朝在江北抵御或进攻北朝的据点。根据当时的局势所需，大规模修筑广陵城有两次：一为东晋太和四年（369），北伐失败的大司马桓温，"发州人筑广陵城，移镇之"。另一次是南朝的宋武帝大明二年（458）竟陵王刘诞又发民筑广陵城。后因刘诞反叛被诛，广陵城被攻克，城中民众几乎悉数被杀，广陵城夷为废墟，因故又称"芜城"。

隋代，隋文帝杨坚统一后，于开皇九年（589）改广陵郡为扬州，此为扬州城名之始。大业元年（605），改扬州为江都。隋炀帝在原广陵城旧址上营造江都宫，在蜀冈下开发了江都市街，为后来规模广大的唐代扬州城奠定了基础。炀帝并开凿了大运河，使扬州成为我国连接南北经济的重要城市。隋代扬州城位于蜀冈之上，系利用汉广陵城基础修筑而成，由隋江都宫城、东城组成。

唐代扬州是淮南道的首府，武德七年（624），在扬州设大都督府。天宝元年（742），改扬州为广陵郡，仍设大都督府。至德元年（756），改广陵为扬州，大都督名不变。唐代扬州城由子城和罗城两部分组成。子城唐代中期扩建，从考古发掘的地层叠压关系判断，罗城在中晚唐时才圈建。子城为官府衙署区，利用隋江都宫城、东城修筑，平面呈不规整的多边形，局部城垣保存高度约10米。罗城在蜀冈之下，为商业、手工业和居民区，唐代中期扩建。建中四年（783）十一月，"淮南节度使陈少游，将兵讨李希烈，屯盱眙。闻朱泚作乱，归广陵，修堑垒，缮甲兵"。55年后的开成三年（838），日本僧人圆仁赴扬求法，记道"扬府，南北十一里，东西七里，周四十里"，即为当时的规模。

五代十国时期，南唐灭吴后，以扬州为东都。957年，周世宗攻打南唐，元宗李璟知东都难守，便纵火烧扬州城，迁居民于江南。958年周世宗占据扬州后，发丁夫万余，整理被破坏的扬州城。后因居民南迁，城池空虚，就唐代罗城的东南隅改筑一小城，城周二十里，因与唐扬州城相比，规模甚小，故而俗称周小城。

北宋，太祖赵匡胤一统天下，攻克扬州后，以周小城为北宋扬州城。蜀冈上的原唐代子城废弃不用。

到南宋时，扬州地处北部边境，受北方金兵威胁，成为南宋的前线，因战争需要，在绍兴年间（1131—1162），扬州知州郭棣在蜀冈唐子城的故址上修筑了堡城，与州城南北对峙，又在两城之间构筑了联通的甬道，连接南北二城，名曰"夹城"。从而形成了宋三城的格局。

南宋嘉定七年（1214），为防止北方金兵南下，扬州事主管崔与之在城外修筑壕沟和瓮城，开月河，置吊桥，并将夹城夯土墙包砌城砖。

宝祐年间，堡城重建，因此堡城又名"宝祐城"。

景定元年（1260），李庭芝主管两淮安抚制置司公事兼扬州知州，为阻止元兵控制蜀冈中锋平山堂，加筑大城包平山堂于城内。

元代，扬州属扬州路，初建大都督府置江淮等处行中书省，治扬州。沿用宋大城，蜀冈上的堡城以及夹城逐渐荒废。

明代，改扬州路为淮海府，继而改惟扬府，后改为扬州府，江都为府治，属南直隶（今南京）管辖。明扬州城在唐罗城和宋大城的范围内，以小秦淮河为界又分为新旧城。元末至正十七年（1357），元帅张德林先在宋大城西南隅筑过明扬州州城，城周九里八十六步四尺。明嘉靖三十五年（1556），扬州知府吴桂芳依旧城东墙接筑新城。城周约十里，城门五座，便门一座，水门二座，自此扬州有新旧两城。至正年间修筑的城为旧城，嘉靖年间修筑的城为新城，相当于宋大城的南部，面积总计5.09平方公里。

清代沿用明代扬州城。

与海上丝绸之路相关价值

1. 扬州是海上丝路联系黄河文明的脐带

海上丝路经过以扬州为龙头的运河文化传播脐带，大大深化和拓展了它对中国文化的影响力。"齐鲁文化的伦理特性和江南文化的诗性气质"，沿着大运河、沿着海上丝路，被太平洋、印度洋的热风吹到南洋西夷。如果没有扬州，海上丝路联系的仅仅是中国沿海的商业城市，它对中国文化的影响也仅仅局限在中国南部沿海边疆——闽台文化区和岭南文化区，它对中国传统的齐鲁文化、中原文化等黄河文明核心区的影响就缺乏一个文化地理空间上的过渡和衔接。

2.扬州是儒教东传的文化出发点

学界公认海上丝路有南线与北线之分。海上丝路北线在东亚儒家文化圈的形成中起了关键的桥梁作用。塑造中国人人格价值和道德伦理的并广泛影响世界的儒学，在唐代的扬州因运河开通得以沿着海上丝绸之路北线便利地传遍东亚。

新罗人崔致远在唐都长安求学后在扬州淮南幕府为官五年，归国后无论是身在仕途还是开坛讲学，都极力推崇孔子，倡导儒学，对韩国文化传统的塑造和形成产生了重要影响，被奉为"东郭儒宗"、"百世之师"。此外，公元7世纪至8世纪的日本遣唐使，漂洋过海，由长江口登陆，沿运河北上至长安、洛阳，学习中国先进的文化、科技、典章律令、社会制度等，并从中国带回大量的佛经、佛像、佛具等，均见证了日本、朝鲜在文化传统上与中国深厚的儒学渊源关系。

3.扬州是海上丝路联系佛教东传的关键环节

鉴真对佛教东传贡献最大。扬州是鉴真的出生地和弘法地，大明寺则是鉴真长时间驻锡的本寺。扬州更是鉴真东渡的始发地，至今扬州还有起航码头、宝塔湾等遗迹和大明寺鉴真纪念堂等纪念场所。扬州可说是佛教经海上丝路东传的始发点。

鉴真东渡弘法，圆仁跨海求经，一个出发地是扬州，一个目的地是扬州。扬州作为唐代东方大港,不仅有中日两国佛教僧徒的对航,而且还有相当大的一部分林邑(即今越南中部地区)、安国(今乌兹别克布哈拉)、婆罗门等国的僧人,经由扬州,东游日本。扬州是唐代海上丝绸之路佛教经中国向东亚传播的一个关键环节。

4. 扬州是伊斯兰教在中国比较早的传播据点

唐初伊斯兰教传入中国依靠的就是海上丝路。扬州因为在海上丝路中的重要地位成为伊斯兰教传入中国比较早的立脚点。唐武德年间,穆罕默德门徒大贤4人来华传教,一贤传教于广州,二贤传教于扬州,三贤、四贤传教于泉州。1980年扬州唐城东北

崔致远像

崔致远先生纪念碑

崔致远纪念馆

郊的一座唐墓出土了一件背水壶,正面为一组阿拉伯文字,意为"真主伟大",其年代为唐代中期,它成为大食胡商沿海上丝路东传伊斯兰教的信物。

沿着海上丝路来华传教的阿拉伯人中,以普哈丁最为知名。南宋咸淳年间,伊斯兰教创始人穆罕默德第十六世裔孙普哈丁来扬传教,主持建造了著名的仙鹤寺,该寺与广州的怀圣寺、泉州的麒麟寺、杭州的凤凰寺齐名,同为我国东南沿海伊斯兰教四大清真寺。普哈丁归真后,人们在古运河东岸土冈上修筑了墓园,先后又有南宋、明清多位西域先贤归葬于此,为佐证扬州在伊斯兰教史、海外交通史上的作用保留了珍贵的资料。

海上丝路承载着不同文明文化价值、宗教信仰、生活方式的传播,体现着作为文化线路的价值互动和思想分享,而扬州是这个商品、思想传播链上至关重要的节点。海上丝绸之路文化线路一定会因包涵扬州的文化遗存分量和历史地位而更显丰富、厚重,而海上丝路申遗也必定会因扬州的加入而更加完整、真实。

第 4 章 园林多是宅

第五节　崔致远纪念馆

崔致远纪念馆，是中国外交部批准的国内第一所外国人纪念馆。它位于扬州唐城遗址的西南角，总建筑面积3000平方米左右，于2007年10月15日正式开馆。建筑包括崔致远纪念堂、纪念碑亭、中韩友谊亭及廊亭等。建筑风格为仿唐风格，宏伟壮观，庄严肃穆。纪念碑亭中立有崔致远纪念碑。纪念堂一楼塑有崔致远汉白玉雕像和反映崔致远一生轨迹的大型壁画；二楼布置了"中韩合作，大有可为——中韩友好交往回顾特展"的陈列。通过史籍、图片、文物和制作塑像、模型、诗碑等，运用现代科技手段，展示崔致远的生平及在唐代中国扬州的学术、思想、文学、诗词、供职等方面的业绩和风范。

崔致远纪念馆介绍了始自唐代，扬州与韩国源远流长的政治、文化、经济商贸交往。纪念馆召开的国际间的崔致远学术研讨和交流活动，吸引了韩国贵宾慕名频频来到扬州。该纪念馆已经成为中韩友好交往和文化交流的中心。

在唐代扬州与韩国的关系史上，崔致远是一位值得纪念的重要人物。崔致远，字海夫，号孤云，新罗王京沙梁部（今韩国庆尚北道庆州市）人。他12岁入唐，18岁考取唐宾贡进士，后任职于溧水及扬州淮南节度使府。在扬州期间，他勤于政务，撰写了大量的表状文告，并积极参与淮南军事和修筑扬州城等重大活动。同时他笔耕不辍，著有《桂苑笔耕集》二十卷，与罗隐、张乔等晚唐诗人结下了深厚的友谊。28岁离唐东归后，积极传播汉文化，在韩国被誉为"汉诗学宗师"、"东国文学之祖"，为中韩文化交流做出了重要的贡献。

唐代是我国历史上政治、经济和文化发展的鼎盛时期，对外交流面广量大，与新罗、日本、天竺、波斯、大食、埃及等亚、非地区的70多个国家通使交好。由于交往的需要，唐朝的对外交通十分发达，形成了陆路以长安为中心和以扬州等沿海城市为起点的海上丝绸之路等多条对外交通线。在扬州通往朝鲜半岛（唐代称新罗）的这条海上丝绸之路上，留下了新罗人崔致远传播中国文化的足迹。

第4章 园林多是宅

参考书目

古代

序号	作者	朝代	名称
1.	沈括	宋	梦溪笔谈
2.	祝穆	宋	方舆胜览
3.	张宁 陆君弼 纂修	明	万历江都县志
4.	朱怀干 盛仪 纂修	明	嘉靖惟扬志
5.	五格 等纂 高士钥 修	清	乾隆江都县志
6.	王逢源 李保泰 同辑	清	嘉庆江都县续志
7.	高晋 等	清	南巡盛典
8.	梁绍壬	清	两般秋雨庵随笔
9.	崔华 修	清	康熙·扬州府志
10.	姚文田 等纂 阿克当阿 修	清	嘉庆重修扬州府志
11.	方濬颐	清	续纂扬州府志
12.	赵之壁	清	平山堂图志
13.	汪应庚	清	平山揽胜志
14.	程梦星	清	平山堂小志
15.	欧阳兆熊 金安清 撰 谢光尧 点校	清	水窗春呓
16.	王振世 著 蒋孝达 校点	清	扬州览胜录

序号	作者	朝代	名称
17.	李斗著 蒋孝达校点	清	扬州名胜录
18.	李斗	清	扬州画舫录
19.	沈复	清	浮生六记
20.	袁枚	清	随园诗话
21.	钱泳撰	清	履园丛话
22.	梁章钜	清	浪迹丛谈续谈三谈
23.	徐成敷等修 陈浩恩纂	清	光绪增修甘泉县志
24.	王世振	清	扬州文选
25.	姚文田	清	广陵事略
26.	阮元	清	广陵诗事
27.	顾銮	清	广陵览古
28.	刘训扬 吴红	清	清宫御史档案选编
29.	张舜徽	清	清代扬州学记
30.	钱祥保修 杜邦杰纂	民国	甘泉县续志
31.	钱保祥修	民国	民国江都县续志
32.	董玉书	民国	芜城怀旧录
33.	徐谦芳	民国	扬州风土记略
34.	杜召棠	民国	惜余春轶事

现代类

序号	作者	朝代	名称
1.	扬州方志办 扬州党史办	现代	扬州史志
2.	陈从周	现代	扬州园林
3.	吴新雷	现代	文学胜迹博览
4.	潘宝明	现代	中国旅游文化
5.	韦明铧	现代	二十四桥明月夜：扬州
6.	江苏地志编纂委员会	现代	江苏省志·文物志
7.	王金祥	现代	今昔扬州
8.	吴肇钊	现代	夺天工
9.	王鸣	现代	老扬州
10.	广陵书社	现代	唐诗宋词咏扬州
11.	孙传余	现代	扬州名园
12.	许少飞	现代	扬州园林
13.	马家鼎	现代	扬州文选
14.	李保华	现代	扬州诗咏
15.	朱福烓	现代	扬州史述
16.	曹永森	现代	扬州风俗
17.	朱正海	现代	胜水撷芳扬州名水
18.	朱正海	现代	扬州名城解读
19.	陈晓梅 秦扬	现代	禅院寻踪扬州名水
20.	吴建坤 赵立昌 王章涛		

序号	作者	朝代	名称
		现代	旧宅萃珍扬州名宅
21.	余志群	现代	市肆沉浮扬州名店
22.	黄继林	现代	山色有无扬州名山

诗词类

序号	作者	朝代	名称
1.	梅尧臣	宋	大明寺平山堂
2.	梅尧臣	宋	和永叔答刘原甫游平山堂寄
3.	梅尧臣	宋	平山堂留题
4.	梅尧臣	宋	与夏侯绎、张唐民游蜀冈大明寺
5.	梅尧臣	宋	平山堂杂言
6.	欧阳修	宋	和刘原甫平山堂见寄
7.	刘敞	宋	游平山堂寄欧阳永叔内翰
8.	刘敞	宋	再游平山堂
9.	安石	宋	平山堂
10.	刘攽	宋	平山堂
11.	刘攽	宋	平山堂
12.	王令	宋	平山堂寄欧阳公
13.	王令	宋	平山堂
14.	苏轼	宋	平山堂次王居卿祠部韵
15.	苏轼	宋	西江月 平山堂
16.	释道潜	宋	平山堂观雨

序号	作者	朝代	名称
17.	黄裳	宋	平山堂二首
18.	李昭玘	宋	登平山堂
19.	秦观	宋	次韵子由题平山堂
20.	李纲	宋	同似表叔易置酒平山堂
21.	吕本中	宋	同狼山印老早饭建隆遂登平山堂
22.	郭印	宋	宿大明寺
23.	仲并	宋	题大明寺诗
24.	陈造	宋	登平山堂
25.	陈造	宋	次韵赵帅登平山堂三首
26.	赵善括	宋	平山堂
27.	蔡戡	宋	平山堂
28.	韩淲	宋	大明寺
29.	杜东	宋	平山堂
30.	张蕴	宋	平山和韵鹤田
31.	张蕴	宋	平山堂吊古
32.	陈孚	金元	平山堂
33.	李孝光	金元	登平山堂故址
34.	赵汸	金元	题平山堂，次黄先生韵
35.	李齐贤	金元	鹧鸪天 扬州平山堂，今为八哈师所居
36.	文征明	明	过扬州平山堂二首
37.	朱当㴐	明	平山远眺，得烟字

序号	作者	朝代	名称
38.	吴兆	明	与张学礼游平山堂
39.	袁宏道	明	集平山堂用平山字为韵,偕游者方子、两谢生也
40.	姚思孝	明	平山堂
41.	邱上仪	清	九日同吴园次、杜茶村、孙豹人、汪扶晨、吴绮园、家火传伯平山堂登高
42.	李沛	清	大明寺第五泉
43.	李沛	清	重九,同道士胎簪、无长集平山堂
44.	李渔	清	朝中措 平山堂和欧公原韵
45.	李渔	清	朝中措
46.	黄周星	清	人日同诸子游平山堂、大明寺、迷楼故址一带还,醵饮法海寺
47.	杜濬	清	寻第五泉
48.	释同	清	巢民先生招同天宁和上书翁、护法湘草居士集平山堂听新声,即席戏占
49.	周亮工	清	平山堂留别稚恭、友沂、穆倩
50.	归庄	清	朝中措 平山堂和欧公韵
51.	陈志襄	清	平山堂远眺,因忆癸丑春

序号	作 者	朝代	名称
			初与诸兄弟旧游感赋
52.	龚鼎孳	清	友听订游平山堂，连朝风雨，不果（二首）
53.	陆求可	清	平山堂
54.	陆求可	清	平山堂和阮亭太守韵（二首）
55.	陆求可	清	谒金门 平山堂
56.	曹尔堪	清	朝中措 平山堂
57.	李呈祥	清	上巳，平山堂修禊，分得槛字
58.	李呈祥	清	上巳，试第五泉得平字
59.	邓汉仪	清	初冬泛舟游栖灵寺，访平山堂旧址（二首）
60.	邓汉仪	清	孟秋，陪金长真郡伯游平山堂，议复旧址，分韵得风字
61.	邓汉仪	清	金长真太守兴复平山堂落成宴集纪事
62.	华衮	清	朝中措 平山堂和欧公韵
63.	张幼学	清	平山堂僧烹第五泉
64.	张幼学	清	创游平山堂诗
65.	陈志绎	清	朱范公招游平山堂
66.	吴绮	清	平山堂杂感，和苏江陵韵（四首）

序号	作者	朝代	名称
67.	吴绮	清	壁间欧苏二公祠有感，分得删、覃二韵（二首）
68.	吴绮	清	又和阮亭《访大明寺》
69.	吴绮	清	朝中措 平山堂和欧阳公
70.	张惣	清	金长真太守兴复平山堂落成宴集纪事三十韵
71.	孙枝蔚	清	春日游平山堂
72.	孙枝蔚	清	第五泉
73.	孙枝蔚	清	观察金长真以丁巳八月十三日祀欧阳公于平山堂，招客赋诗，予亦与焉，诗限体不拘韵
74.	孙枝蔚	清	汪季角避暑平山堂之真赏楼，次宗鹤问韵奉寄（六首）
75.	孙枝蔚	清	平山堂怀古，和彭骏孙
76.	孙枝蔚	清	初秋，同家无言、查二瞻陪王西樵考功出郭纳凉，放船至法海寺，遇雨不得登平山（二首）
77.	孙枝蔚	清	朝中措 平山堂怀古，和欧公原韵
78.	宗元鼎	清	第五泉（二首）
79.	宗元鼎	清	夏日，同陆天藻先生自法

序号	作者	朝代	名称
			海寺维舟步游平山，复登观音大士阁，至夕归舟，限韵三首
80.	郭士璟	清	广陵旧迹诗（九十九首）小金山 蜀冈 炮山河 第五泉月观 风亭 平山堂 观音禅寺 法海禅寺 廿四桥
81.	汤莱	清	平山堂怀古
82.	蒋平阶	清	姚心绳兄弟招游平山堂，同陈其年、邵得鲁、杜苍略
83.	罗承祚	清	步平山堂故址，有怀六一居士
84.	吴雯清	清	平山堂雅集
85.	宫象宗	清	平山怀古
86.	黄云	清	雨中秋泛不得，上平山堂
87.	黄云	清	上巳平山试第五泉
88.	黄云	清	扬州金太尊重建平山堂开工邀饮
89.	黄云	清	甲寅金郡伯长真先生重建平山堂，冬日泛舟登眺
90.	金镇	清	予改守扬州，汪蛟门舍人赋诗见赠，以修复平山旧址为言，予愧未之及也，

序号	作者	朝代	名称
			诗以志概
91.	金镇	清	巳试第五泉,得豪字
92.	金镇	清	秋日郡中诸友招饮平山堂旧址,因议修复,分得寒字,赋成二十韵
93.	金镇	清	扬州慢 平山堂落成赋比
94.	金镇	清	朝中措 平山堂次欧公韵
95.	黄生	清	扬州
96.	毛奇龄	清	金长真太守兴复平山堂落成宴集纪事二十四韵
97.	毛奇龄	清	朝中措 平山堂续词有序
98.	陈维崧	清	朝中措 平山堂怀古,用欧公原韵
99.	陈维崧	清	莺啼序 春日游平山堂即事
100.	曾灿	清	平山堂吊古二首
101.	许虬	清	金长真太守兴复平山堂落成宴集纪事
102.	陶徵	清	记平山堂相别慧公,略无消息
103.	陶徵	清	避暑平山堂(八首)
104.	冷士嵋	清	初冬李艾山、宋射陵、宗子发、李季子、王景洲、歙州昆绳集饮平山堂分韵

序号	作者	朝代	名称
105.	朱彝尊	清	平山堂
106.	董元恺	清	望海潮 游平山堂登真赏楼，用秦淮海《广陵怀古》韵
107.	彭孙遹	清	平山堂怀古
108.	彭孙遹	清	栖灵寺第五泉
109.	梁佩兰	清	傅自远明府招同韩醉白泛舟红桥，舍舟上法海寺，绕蜀冈登平山堂而还，得十截句
110.	彭桂	清	上巳平山堂修禊分得"急"字
111.	彭桂	清	朝中措 平山堂和欧阳公原韵
112.	彭桂	清	西江月 和苏文忠平山堂韵
113.	顾九锡	清	步平山堂怀六一居士二首
114.	曹贞吉	清	过平山堂，怀王阮亭仪部
115.	王士禛	清	九日平山堂二首
116.	王士禛	清	春杪，登平山堂眺江南山
117.	王士禛	清	平山堂作二首
118.	王士禛	清	第五泉
119.	王士禛	清	闻季用言平山堂已修复，赋寄豹人、定九、孝威、

序号	作者	朝代	名称
			舟次
120.	王士禛	清	朝中措 平山堂次欧阳公原韵
121.	宋荦	清	平山堂二首
122.	许承家	清	金长真太守兴复平山堂落成宴集纪事
123.	金敬敷	清	平山堂落成
124.	王摅	清	平山堂
125.	汪楫	清	步平山堂旧址,有怀六一居士
126.	汪辑	清	第五泉
127.	汪士裕	清	和王阮亭访大明寺
128.	朱虹	清	平山堂即事
129.	吴祖修	清	金长真太守兴复平山堂落成宴集纪事
130.	罗坤	清	金长真太守兴复平山堂落成宴集纪事二十韵
131.	罗坤	清	山花子 平山堂即事
132.	李符	清	扬州慢 平山堂写怀
133.	汪懋麟	清	仲冬,平山堂落成,太守金公招同诸君燕集,即席得五十韵
134.	汪懋麟	清	同友人泛舟游平山新堂

序号	作者	朝代	名称
135.	汪懋麟	清	人日,同诸子游平山堂,大雪骤至,饮真赏楼,走笔得四十韵
136.	汪懋麟	清	朝中措 将修复平山堂,和欧公原韵
137.	汪懋麟	清	东风第一枝 上巳平山宴集,送南溪学士入都,和原韵
138.	黄阳生	清	乙卯上巳平山堂禊集,分得饮字
139.	黄阳生	清	蜀冈登平山堂分赋
140.	黄阳生	清	朝中措 平山堂和欧公原韵
141.	黄泰来	清	朝中措 平山堂和欧公原韵
142.	费锡璜	清	九月闵左臣招集平山堂,分赋得"平"字
143.	王 概	清	金长真太守兴复平山堂落成宴集纪事五十韵
144.	王式丹	清	平山堂怀古四首
145.	王式丹	清	六月六日同年李环溪明府邀集平山堂,登楼望江表诸山各赋二章,以平山二字为韵
146.	爱新觉罗·玄烨		

序号	作者	朝代	名称
		清	平山堂
147.	孔尚任	清	游平山堂
148.	孔尚任	清	平山堂题壁
149.	孔尚任	清	冬夜宿平山堂看月（选二）
150.	孔尚任	清	平山堂僧院看梅，柬道弘上人
151.	孔尚任	清	平山堂
152.	孔尚任	清	第五泉
153.	孔尚任	清	题平山堂后楼曰晴空阁（选二）
154.	孔尚任	清	西江月 平山堂怀阮亭
155.	黄鷟来	清	杨柳风上平山堂作
156.	王孙骧	清	扬州清明前一日，吴锦文招同沈子受、虞士乔梓游平山堂
157.	查慎行	清	上巳过平山堂下
158.	查嗣瑮	清	平山堂宴集
159.	郭锽	清	立冬日集平山堂
160.	萧说	清	第五泉
161.	桑豸	清	春日登平山堂
162.	桑豸	清	朝中措 平山堂和欧公韵
163.	纳兰性德	清	平山堂
164.	宫鸿历	清	念奴娇 登平山堂

序号	作者	朝代	名称
165.	程瑞枋	清	平山堂春眺，和交山
166.	李炳石	清	第五泉
167.	曹寅	清	早春泛舟至平山堂分韵
168.	张大受	清	平山堂
169.	汪文柏	清	登平山堂二首
170.	汪文柏	清	满庭芳 登平山堂
171.	程世绳	清	九日平山堂登高
172.	盛兆晋	清	扬州慢 游平山堂，用姜白石韵
173.	史申义	清	平山堂
174.	史申义	清	平山堂沦第五泉
175.	史申义	清	第五泉
176.	卞咸和	清	立冬集平山堂
177.	徐永誉	清	平山堂即事
178.	徐永誉	清	游法海寺平山堂诸山
179.	缪沅	清	春暮过平山堂
180.	沈德潜	清	舟行至蜀冈，上平山堂，记一路所见（十首）
181.	程梦星	清	花朝，水村舅招集平山堂
182.	程梦星	清	九日登平山堂，分韵得"云"字
183.	黄之隽	清	平山堂
184.	黄之隽	清	由筱园步至平山堂归饮舟

序号	作 者	朝代	名称
			中，载月而行
185.	卢见曾	清	平山堂雅集（二首）
186.	卢见曾	清	平山堂集
187.	高凤翰	清	平山堂
188.	高凤翰	清	游平山堂，憩棹王氏新园，漫成五首
189.	高凤翰	清	平山堂僧舍口号
190.	高凤翰	清	平山堂雅集二首
191.	高凤翰	清	过平山堂访新出第五泉
192.	沈起元	清	平山堂雅集，用昌黎会合联句韵
193.	李葂	清	平山堂即事
194.	汪士慎	清	平山堂
195.	金农	清	平山堂
196.	黄慎	清	平山堂看牡丹
197.	马曰琯	清	平山堂秋望
198.	马曰琯	清	平冈秋望
199.	马曰琯	清	如此江山 集平山堂
200.	程埶	清	由虹桥至平山堂三首
201.	程埶	清	平山堂观梅
202.	程埶	清	中秋登平山堂
203.	陈章	清	平山堂秋望
204.	蒋继修	清	平山堂春望

序号	作者	朝代	名称
205.	厉鹗	清	登平山堂
206.	厉鹗	清	四月十八日同人泛舟红桥，登平山堂，送全绍衣入京
207.	陆钟辉	清	平山堂秋望
208.	俞堉	清	登平山堂
209.	鲍皋	清	暮春奉陪水利诸公泛舟虹桥登平山堂，即席二首
210.	爱新觉罗·弘历	清	游平山堂即景杂咏八首
211.	爱新觉罗·弘历	清	题平山堂
212.	爱新觉罗·弘历	清	第五泉
213.	爱新觉罗·弘历	清	再游平山堂
214.	爱新觉罗·弘历	清	驻跸天宁寺行宫
215.	爱新觉罗·弘历	清	四月朔日游平山堂
216.	爱新觉罗·弘历	清	题平山堂
217.	爱新觉罗·弘历	清	再游平山堂，即景杂咏八首
218.	爱新觉罗·弘历	清	游平山堂，即景杂咏（八首）
219.	爱新觉罗·弘历	清	游平山堂，叠壬午旧作韵
220.	爱新觉罗·弘历	清	游平山堂，再叠壬午诗韵
221.	爱新觉罗·弘历	清	再游平山堂
222.	张曾	清	秋暮游平山堂
223.	杜甲	清	和牛师竹平山堂集饮韵
224.	陈蕊珠	清	平山堂

序号	作者	朝代	名称
225.	查礼	清	花朝后二日，洪魏笏观察招游平山堂看梅
226.	袁枚	清	十月四日，扬州吴鲁斋明府招同王梦楼侍讲、蒋春农舍人、金棕亭进士游平山，即席有作
227.	袁枚	清	三月三十日，金棕亭学博招同十八友人送春平山堂，分体得六言绝句
228.	袁枚	清	扬州偕马秋玉、陆停川看梅平山，归饮天宁寺，分赋陶元藻清由红桥至平山堂
229.	陶元藻	清	由红桥至平山堂
230.	桂月柯	清	平山堂
231.	程晋芳	清	平山堂
232.	金兆燕	清	同蒋春农舍人登平山堂，时春农有修志之役，因用渔洋集中韵作长歌赠之
233.	金兆燕	清	三贤祠看桂
234.	金兆燕	清	秋霁（癸未九日，同吴杉亭舍人携儿子台骏泛舟至平山堂
235.	金兆燕	清	庆清朝（程午桥太史筱园，

序号	作 者	朝代	名称
			为我辈旧日文宴之地。太史既归道山，斯园易主，门径俱非。小阮筠榭追摹旧境，绘为一图，索诸同人赋之）
236.	金兆燕	清	游平山堂歌
237.	朱 筼	清	游平山堂歌
238.	李 御	清	游平山漫兴
239.	汪 棣	清	同史兰浦、华半村过平山堂
240.	永 亮	清	秋初偕陈宜清孝廉游平山
241.	姜 憬	清	登蜀冈访平山堂故址
242.	袁 树	清	同高睿功月夜游平山
243.	袁 树	清	舟过维扬，家春圃观察招游平山，饮江园荷池上
244.	任基振	清	平山堂怀古
245.	王廷琛	清	秋晚与李艾塘登平山堂，题《画舫录》册子
246.	朱宗大	清	平山堂探梅归，王少林招饮
247.	赵 翼	清	平山堂
248.	赵 翼	清	清明前二日，寿菊士招同棕亭、再可、立堂诸公泛舟至平山堂即事
249.	赵 翼	清	招管松崖漕使、王梦楼前

序号	作者	朝代	名称
			辈、了凡禅师重宁寺斋食后，泛舟至平山堂，游平远楼诸胜，松崖有诗，即次原韵
250.	钱大昕	清	平山高咏
251.	王文治	清	扬州侍潞川招同姚姬传泛舟至平山堂
252.	王文治	清	新晴，平山堂看桃花二首
253.	王文治	清	平山探梅，寄宾谷二首
254.	陈襄龙	清	上巳后二日，世侄吴三枢文招同张子□民仁圃、令弟宾至如归万泛舟平山，即事二首
255.	徐本增	清	平山探梅分韵
256.	褚廷璋	清	朱文也招游平山堂，遂至观音山，归过法海寺
257.	顾光旭	清	摸鱼儿（寄题平山堂）
258.	姚鼐	清	与王禹卿泛舟至平山堂，即送其之临安府
259.	罗聘	清	泊平山堂下
260.	管干贞	清	平山堂舟还
261.	李调元	清	游平山堂
262.	马春长	清	九日登平山堂

序号	作者	朝代	名称
263.	沈 初	清	平山堂僧房看芍药
264.	乐三省	清	平山堂作
265.	黄文旸	清	平山堂看雪，效欧公体，用苏公韵
266.	詹肇堂	清	平山堂秋望
267.	施 安	清	王晴山招集平山堂，因作长歌纪之
268.	宫国苞	清	平山堂怀古
269.	鲍之钟	清	平山堂放舟口号
270.	管希宁	清	月夜同苇村登平山堂
271.	叶 诚	清	二月十一日泛舟红桥，至平山堂探梅，同龚梧生司马作
272.	汪 中	清	平山
273.	梁衍泗	清	平山堂春眺
274.	吴锡麒	清	平山堂梅树下作
275.	吴锡麒	清	平山堂
276.	赵怀玉	清	平山杂咏
277.	赵怀玉	清	平山堂记游
278.	赵怀玉	清	何通判招游平山堂即事
279.	赵怀玉	清	平山堂探桂歌
280.	张云璈	清	泛舟平山堂下二首
281.	林澍蕃	清	游平山堂二首

序号	作者	朝代	名称
282.	沈善宝	清	重九日，侍树堂寄平父登平山堂
283.	乔椿龄	清	平山堂待月
284.	韦佩金	清	尉迟杯（同绮塘、练塘、疏谷泛舟平山堂下）
285.	韦佩金	清	浣溪沙二首（平山堂舟泛）
286.	凌廷堪	清	梦扬州（泛舟平山堂）
287.	黄道开	清	十一月望日，游平山堂夜饮湖上
288.	尹骏生	清	扬州慢（随园先生招同胡香海森、胡黄海翔云、刘霞裳志鹏、钱玉鱼东、郭莲生□、左兰城墉、刘春桥熙、陈竹士游平山堂）
289.	胡寿芝	清	偕眉伯赴马朗山太守平堂宴
290.	刘滕蛟	清	游平山堂
291.	鲍之蕙	清	平山堂
292.	缪镔	清	九日同罗漪塘、李旭斋、高一亭平山堂登高
293.	缪镔	清	平山堂访小石上人，同旭斋、秋谷
294.	王昙	清	平山堂同金棕亭、罗两峰

序号	作者	朝代	名称
			两先生作
295.	爱新觉罗·颙琰	清	平山堂
296.	爱新觉罗·颙琰	清	再游平山堂,叠前作韵
297.	曾燠	清	平山堂秋望
298.	张维桢	清	平山杂诗
299.	张维桢	清	平山堂怀欧阳永叔
300.	张维桢	清	平山堂杂诗
301.	钱林	清	第五泉
302.	陈燮	清	平山堂秋望
303.	费履坚	清	过平山堂有感
304.	成纫兰	清	平山堂怀古
305.	应让	清	平山堂寒眺
306.	熊昂碧	清	平山堂
307.	范仕义	清	泛舟平山堂
308.	方文炳	清	第五泉
309.	徐鸣珂	清	试第五泉
310.	徐鸣珂	清	平山堂后小香雪寻梅(二首)
311.	鲍文逵	清	平山堂看梅二首
312.	彭兆荪	清	平山堂
313.	吴会	清	游平山堂晚归
314.	李周南	清	平山堂寒眺
315.	朱为弼	清	平山堂探梅,集坡公句(七首选一)

序号	作 者	朝代	名称
316.	黄承吉	清	平山堂望江南山色
317.	黄承吉	清	同人平山堂远眺
318.	陈文述	清	第五泉
319.	孔璐华	清	试第五泉
320.	刘 开	清	平山堂醉题
321.	屠 倬	清	平山堂四绝句
322.	金 锷	清	携李玉坡曙洲侄游平山堂遇雨四首
323.	梁绍壬	清	平山堂
324.	梅植之	清	游平山堂
325.	梅植之	清	平山堂江南山色
326.	梅植之	清	登平山堂不瞻湖中作
327.	梅植之	清	平山堂木兰花歌，赋呈碧溪、智光上人
328.	梅植之	清	九日与瓒华游小金山，遂至平山堂（三首）
329.	张际亮	清	平山堂二首
330.	张际亮	清	平山堂走笔题壁
331.	汪椿年	清	清明游平山堂
332.	汪椿年	清	游平山堂遇雨
333.	钱廷烺	清	平山堂（四首）
334.	许大猷	清	题《平山堂钱饮图》（四首）
335.	朱 伦	清	平山堂

序号	作者	朝代	名称
336.	钱国珍	清	朱石梅寄示《平山堂落成宴集诗》,不胜思乡怀人之感,依韵赋答
337.	梁承诰	清	平山堂放歌
338.	董恂	清	平山堂
339.	曾元澄	清	平山堂
340.	莫友芝	清	平山堂
341.	徐鸿谟	清	登平山堂
342.	范启璋	清	登平山堂有感
343.	阮充	清	平山堂观梅
344.	易佩绅	清	游平山堂
345.	方镜庄	清	王晴江明府邀集平山堂
346.	臧谷	清	平山堂
347.	程嘉樾	清	庚申同人步游平山堂
348.	程嘉樾	清	春日同人平山堂小坐,口占应赠(四首)
349.	叶蕙心	清	平山堂
350.	许桐茂	清	扬州中秋日,李君竹表伯约泛舟游平山堂、红园、小金山,三来酒舍小酌,向夕,复乘舟由水关出回船
351.	许慧轩	清	平山堂
352.	陈克劬	清	平山堂落成,都转方太夫

序号	作者	朝代	名称
			子以和韵诗见示，用原韵赋呈（三首）
353.	江珍楹	清	游平山堂
354.	方燕昭	清	平山堂怀古
355.	费文彪	清	平山堂怀古
356.	鲍毓东	清	平山堂后，吊美人张素琴墓
357.	周馥	清	平山堂怀欧阳永叔
358.	陈惟德	清	平山堂怀古
359.	陈炤	清	题方少农《平山堂坐雨联句图》
360.	顾承熙	清	游平山堂
361.	史念祖	清	平山堂观荷
362.	史念祖	清	游小金山，步上平山堂
363.	史念祖	清	平山堂题壁
364.	史念祖	清	平山堂默坐偶题
365.	陈夔龙	清	登平山堂，并至第五泉啜茗
366.	陈重庆	清	携丽谐平山堂看雪
367.	陈重庆	清	平山堂下有荷池，可放舟，土人改为田，诗以惜之
368.	陈重庆	清	同人醵饮平山堂之平远楼
369.	袁昶	清	游平山堂二首
370.	袁昶	清	游平山堂又二首
371.	刘岳云	清	平山堂

序号	作者	朝代	名称
372.	胡友梅	清	平山堂即景
373.	释敬安	清	平山堂怀欧阳公
374.	朱铭盘	清	平山堂
375.	常怀俊	清	登平山堂浩歌
376.	舒绍基	清	游平山堂、小金山有作（二首）
377.	周树年	清	陪紫石省长游平山堂
378.	朱霖	清	平山堂听雨
379.	许秋舫	清	平山堂，限删韵
380.	谢元界	清	平山谷林堂看琼花
381.	谢元界	清	偕同社游平山堂作
382.	何震彝	清	四月八日平山堂小集
383.	蒋兆兰	清	再和《平山堂》作
384.	胡奂	清	平山堂
385.	钱荷玉	清	登平山堂
386.	张曙生	清	登平山堂

外国作品

序号	作者	国籍	名称
1.	安东篱	澳大利亚	说扬州：1550—1850年的一座中国城市
2.	梅尔清	美国	清初扬州文化

专著

序号	书名	作者	版本或书刊
1	海上丝绸之路与中外文化交流	陈炎	北京大学出版社，1996年3月
2	广东海上丝绸之路史	黄启臣	广东经济出版社，2003年5月
3	唐代扬州	诸祖煜	贵州人民出版社，2001年7月
4	海上丝绸之路与潮汕文化	杜经国　吴奎信	汕头大学出版社，1998年
5	海上丝绸之路的著名港口——扬州	朱江	海洋出版社，1986年
6	唐代扬州史考	李廷先	江苏古籍出版社，2002年10月
7	海上丝绸之路研究（中国与东南亚）	何少川　等	福建教育出版社，1979年2月
8	论广州与海上丝绸之路	黄启臣　等	中山大学出版社，1993年8月
9	泉州港与海上丝绸之路（一）	陈荣芳　等	中国社会科学出版社，2002年9月
10	泉州港与海上丝绸之路（二）	张春贤　等	中国社会科学出版社，2003年10月
11	泉州港与海上丝绸之路（三）	陈显泗　等	中国社会科学出版社，2005年5月
12	唐宋贸易港研究	桑原隲藏	商务印书馆，1935年7月
13	中国与海上丝绸之路	陈炎　等	福建人民出版社，1991年1月
14	中国与海上丝绸之路	王连茂　等	福建人民出版社，1994年5月

论文

序号	文章名	作者	版本或书刊
1	海上丝绸之路与南音（二）	施舟人	福州大学学报2005年12月18日
2	"海上丝绸之路"应称为"瓷器之路"	王建辉	求索1984年第6期
3	海上丝绸之路文化旅游发展研究——以南海一号古商船为例	黄少辉 等	热带地理2009年3月第29卷第2期
4	从唐代扬州看影响海港城市发展的因素	崔文龙	中国水运2006年10月第06卷第10期
5	唐代扬州的餐饮业	见世君	首都师范大学学报2004年增刊
6	唐代扬州的繁华对鉴真东渡文化传播的深远影响	许凤仪	扬州教育学院学报2004年6月第22卷第2期
7	论唐代扬州为鉴真东渡提供的社会基础	许凤仪	唐都学刊2007年7月第23卷第4期
8	唐代扬州的手工业	诸祖煜	扬州教育学院学报2000年第1期
9	唐代扬州工商业发展的考古学观察	王博琼	吉林大学硕士论文，2007年4月
10	唐代中后期扬州商品经济的发展与城市精神风貌	王 涛 赵建坤	邢台学院学报2006年6月第21卷第2期
11	扬州新罗侨民历史遗迹研析	王 慧	通化师范学院学报2009年6月第30卷第6期
12	关于"海上丝绸之路"概念及其历史下限的思考	赵春晨	学术研究2002年第7期

续表

序号	文章名	作者	版本或书刊
13	海上丝绸之路蓬莱史迹初探	袁晓春	登州与海上丝绸之路——登州与海上丝绸之路国际学术研讨会论文集2008年
14	海上丝绸之路与我国南海传统疆域形成	司徒尚纪	广东蚕业2002年第1期
15	海上丝绸之路与中西经济交流研究	姚润田	集团经济研究2006年第03期
16	论海上丝绸之路与中外文化交流	陈 炎	
17	海上丝绸之路对世界文明的贡献	陈 炎	今日中国（中文版）2001年第12期
18	明代广东海上丝绸之路的高度发展	黄啟臣	
19	七世纪至十世纪海上丝绸之路的发展与经济文化交流	吴洪年	
20	陶瓷之路的形成	邓炳权	广东省博物馆藏——中国历代陶瓷展2007年
21	学术研究：合浦——海上丝绸之路始发港刍议	潘 琦	广西日报2005年3月1日
22	论唐代扬州和长江下游的经济地区	史念海	扬州师院学报1982年第2期
23	唐代扬州民俗文化初论	高有鹏	民俗研究2000年第4期
24	中国的扬州与阿曼的苏哈尔	朱 江	阿拉伯世界研究1991年第4期
25	扬州、海丝与阿拉伯	朱 江	

续表

序号	文章名	作者	版本或书刊
26	海上丝绸之路（香料之路）的兴盛与没落	王审知	泉州历史网泉州名人录
27	"海上丝绸之路"与中国古代圆形方孔钱在东南亚的传播	王延彬	东南亚纵横2008年第1期
28	扬州与海上丝绸之路	唐亚林	扬大商院胶印《扬州与海上丝绸之路》白皮书
29	"海上丝绸之路"再现扬州的海运史		扬州日报2007年12月26日
30	长谷部乐尔先生在〈陶瓷之路〉展览学术讨论会上的讲演	朱 江	故宫博物院院刊1990年第2期
31	东堤与海上丝绸之路		文化视野2009年12月
32	一条古老而鲜为人知的"北方海上丝绸之路"	巨东梅	大连日报2010年10月17日
33	海上丝绸之路历史简介		
34	海上丝绸之路与航海术		
35	海上丝绸之路各个时期广州与其他港口比较研究		
36	历经古代"海上丝绸之路"的盛衰——黄埔古港		粤海关志2009年2月
37	海上丝绸之路：泉商的跨国贸易起点	袁宗仁	海内海外2010年第5期
38	孙权与海上丝绸之路	高 球	浙江文化信息网2008年9月

续表

序号	文　章　名	作　者	版本或书刊
39	唐代扬州交通与诗歌创作研究	林少川	广西师范大学硕士学位论文，2012年
40	唐扬州商贸市场及居民消费特征探析	宋　立	兰台世界2012年第6期

后 记

冬 冰

2006年年底,国家文物局公布《中国世界文化遗产预备名单》,跟扬州有关的项目有两个:大运河、瘦西湖及扬州历史城区。2012年9月,这一名单重新调整后公布,扬州从两项增加到三项:大运河、海上丝绸之路、扬州瘦西湖及盐商园林文化景观。

对扬州来说,六年两份名单的背后是,扬州牵头大运河联合"申遗"跑到冲刺线;正式参与海上丝绸之路9城市共同"申遗";扬州地方"申遗"项目路径主题重新明确。

项目及名称的调整只是一个结果,作为参与者、亲历者,我们的团队感受到的是资料收集整理的琐碎辛苦,观点交锋碰撞的认真执著,路径价值苦苦寻觅中的焦虑担忧,峰回路转重生后的豁然开朗。

对那些幸存下来的扬州文化遗产点而言,这六年是其保护水平不断提升的过程:通过"申遗"推动,借助专业机构,按照世界遗产标准要求,扬州相关古建筑、遗址、河道、景观的基本尊严得以维护,保护状态得以改善,抗风险灾害的能力得以加强。

这六年更是扬州文化遗产价值重新发现的过程。扬州是一个对中国封建时代的经济政治文化作出了巨大贡献、产生过重要影响的通史式城市。但在"申遗"之前,罕有把扬州文化放在世界历史进程中,从人类文明演进的高度,对其价值进行梳理、研究、比较、审视。这些年来,借助三项"申遗"项目的带动,国际古迹遗址保护协会、中国建筑设计研究院历史研究所、中国文化遗产研究院、清华大学、同济大学等专业机构的专家与扬州申遗办团队一道，共同探寻扬州遗产的特色、内涵，思考大运河、海上丝绸之路、瘦西湖及盐商园林在中国文化、人类历史发展过程中的作用地位。一次次考察讨论交流碰撞带来了一次次认识上的提高。《世界的扬州·文化遗产丛书》就是三项"申遗"工作进行以来大家认识、思考的积累转化，一章章一节节的陈述判断提炼，共同展示扬州文化遗产价值再发现的初步成果。

成果来源于"申遗"过程，服务于"申遗"目标，更服务于扬州这座城市。近年来，扬州"深刻认识城市文化价值、坚守城市文化理想、突出城市文化特色，取得了遗产保护与城市发展双赢"，城市"人文、生态、精致、宜居"特色愈加明显，以大运河、海上丝绸之路、瘦西湖及盐商园林为代表的扬州文化遗产在城市发展中的地位和作用日益凸显。

"国以人兴，城以文名。"扬州市委市政府提出建设世界名城的奋斗目标，深厚的历史文化资源是扬州迈向这一目标的基础力量。在世界名城建设总体战略总局中，两个重要的着力点是将瘦西湖建成世界级公园、打造以大运河扬州段"七河八岛"为生态核心的江广融合地带生态智慧新城。《世界的扬州·文化遗产丛书》从前所未有的跨领域视角——历史、美学、文献学、遗产学、考古学、建筑景观学、民俗学等，较为系统地分析扬州文化遗产的历史原貌、物质形态、精神气质、布局结构、发展演化、建筑风格、构成要素等内容，并站在人类文明和普世精神的高度，对瘦西湖、大运河扬州段、海上丝绸之路扬州史迹等进行观察和阐述，它的出版将为扬州建设世界名城提供一个广域的参照，诠释扬州这座城市的世界精神，揭示扬州的历史内涵，展现扬州独特的文明价值。

六年来，跟我们一起走过这一过程的有：国家文物局和江苏省文物局的各位领导；国内外专业机构、高校专家及同行；扬州历任市领导；扬州地方文史专家；热爱家乡历史、珍爱古城文化的扬州市民。感谢他们多年来对扬州文化遗产事业的一贯支持，对扬州文化遗产保护研究队伍的指导和帮助，对扬州这座城市多年来无怨无悔的奉献和热爱。

  本书编写时间紧、任务重，相关资料更是浩如烟海。限于编者的水平，难免挂一漏万，不当之处，恳请读者指正。

2013 年 3 月 1 日